El
REINO
de Dios es una
FIESTA

⚜ EDITORIAL BETANIA

© 1993 **EDITORIAL BETANIA**
9200 S. Dadeland Blvd., Suite 209
Miami, FL 33156

Título en inglés: *The Kingdom of God Is a Party*
© 1990 by *Anthony Campolo*
Publicado por Word, Inc.

ISBN: 0-88113-181-4

Impreso en E.E.U.U.
Printed in U.S.A.

Dedicado a Joey Paul

*Un ejemplo para todos los que tratamos de entender
lo que realmente significa ser un buen padre y un
esposo dedicado.*

[. . .] he aquí el reino de Dios está entre vosotros.
Lucas 17.21

Contenido

Prefacio

Hace algunos años, escribí un libro que me metió en muchos problemas. El libro, *A Reasonable Faith* [Una fe razonable], no era de ninguna manera herético; pero mucha gente considera como herejía el tratar de expresar en nuevas formas las verdades eternas. Mi libro molestó. Estos buenos pero inflexibles críticos creían que no sólo la verdad es sagrada, sino también ciertas maneras de expresarla. Para estas personas existen imágenes verbales que, en lugar de ser vistas como medios que portan la verdad, son percibidas como la verdad misma, por lo que tienen mucha resistencia ante cualquier intento de expresar el mensaje de Dios a través de palabras o símbolos que no les resultan familiares.

Creo que, si es que vamos a ser fieles a la Gran Comisión y declarar el evangelio a toda las personas, debemos buscar constantemente medios para *contextualizar* el mensaje. Esto quiere decir poner la verdad de Dios en palabras que la gente, en un lugar y tiempo determinados, pueda entender y con las que pueda identificarse.

Recientemente, un cristiano bien intencionado imprimió miles de copias del sermón, «Pecadores en las manos de un Dios enojado», predicado por Jonathan Edwards hace varios siglos. Fue un gran sermón para su época y tengo que admitir que aprendí mucho de él cuando lo leí. Pero hoy, ese sermón no tiene el efecto dinámico que tuvo en la gente hace años. Las palabras, las imágenes y el estilo pertenecen a otro tiempo y a otro lugar. El mensaje ya no tiene esa penetración para la mayoría de los lectores en la era moderna. Como dicen por ahí: «No llega».

Pocos libros aparte de la Biblia son capaces de identificarse con cada persona, en todo tiempo y en todo lugar. Por lo tanto, escritos que son menos que las Escrituras inspiradas tienen una temporalidad que limita su uso. Aquellos que buscan interpretar la Biblia a través de publicaciones y conferencias deben hacer nuevos intentos. Los escritores y conferencistas cristianos deben buscar nuevas formas para decir lo que creen, de manera que impacten a la gente de esta época.

Este pequeño volumen es uno de esos intentos. Quiero contarles algo de la verdad de las Escrituras, a fin de lograr comunicarme con aquellos que viven en las sociedades tecnológicamente avanzadas del mundo occidental. Las ideas e imágenes que uso para expresar mis pensamientos y creencias vienen directo de la Santa Ley. Sin embargo, las imágenes bíblicas que utilizo aparecen de una manera nueva para algunos lectores y pueden resultar un poco ofensivas para otros. A estos últimos sólo puedo decirles que no es mi intención ofender. Todo lo que he tratado de hacer es contar la antigua, muy antigua historia del evangelio, con una nueva perspectiva. Siéntanse libres para criticar. Pero si se trata de juzgar, concédanme una oportunidad.

Cuando se trata de escribir libros, dependo de dos personas. La primera es mi amiga y socia Mary Noel Keough. Ella mecanografía mis escritos, los mantiene en orden, corrige mis errores y lleva todo a la editorial. La otra persona es mi esposa, Peggy, que es una brillante editora y extraordinaria crítica. Sin la ayuda de ambas este libro no hubiera sido escrito.

Capítulo 1

UNA FIESTA
EN HONOLULU

Cada vez que los escritores relatan alguna historia, por lo general la gente les pregunta: ¿Ocurrió esto en realidad? ¿Es una historia verdadera?» En este caso, lo que les voy a contar no sucedió exactamente. Los nombres y lugares han sido cambiados, el diálogo es un poco diferente, pero la historia es básicamente lo que me ocurrió hace unos cuatro años.

Doy muchas conferencias, por lo que mi trabajo me lleva a todo tipo de lugares. Algunos son exóticos y otros no tanto. Algunas veces voy a Honolulu y otras a Toledo, Ohio.

Si vivieras en la costa oriental de los Estados Unidos y viajaras a Hawaii, sabrías que hay una diferencia de horas que hace que a las tres de la mañana sientas que son las nueve. Si sabes de lo que hablo, entenderás por qué cada vez que voy

3

a ese lugar, me encuentro más que despierto mucho antes de que amanezca. No sólo estoy despierto cuando la mayoría duerme, sino que también me muero de hambre cuando casi todo en la isla está cerrado.

Ahora entenderás el porqué estaba en las calles de Honolulu a las tres y media de la mañana buscando un lugar para desayunar.

A pocas cuadras encontré un restaurancito que todavía estaba abierto. Entré y me senté en la barra esperando que me atendieran. Era uno de esos lugares donde no quieres ni abrir el menú por temor a que algo salga volando, era demasiado sucio. Pero ni modo, era lo único que estaba abierto.

El gordo que atendía la barra se acercó y me dijo: «¿Qué quieres?» Le indiqué que quería una taza de café y una rosquilla.

Me sirvió la taza de café, se limpió las manos en su sucio delantal, tomó la rosquilla y me la entregó. Soy realista. Sé que es probable que en la cocina del restaurante las cosas se caigan al piso y las pateen. Pero si están donde puedo verlas, agradecería que, al menos, se usaran unas tenazas y un papel encerado.

Estaba sentado comiendo mi rosquilla y tomando mi café a las tres y media de la mañana cuando de repente se abrió la puerta y para mi vergüenza, entraron marchando ocho o nueve provocativas y ruidosas prostitutas.

Como el lugar era pequeño, terminaron sentadas a mi lado. Su hablar era grotesco y casi a
gritos. Me sentía completamente fuera de lugar y
estaba a punto de irme cuando escuché a una de
las mujeres decir:

—Mañana es mi cumpleaños. Voy a cumplir
treinta y nueve.

—Y, ¿qué quieres que haga? —Le respondió
su «amiga» en un tono desagradable—. ¿Que te
haga una fiesta de cumpleaños? ¿O que te com-
pre un pastel y te cante «Feliz cumpleaños»?

—¡Sólo era un comentario! —contestó—. ¿Por
qué me haces sentir mal si sólo dije que es mi
cumpleaños? No quiero ni espero nada de ti.
Además ¿por qué habrías de hacerme una fiesta,
si nunca en mi vida he tenido una?

Cuando escuché eso tomé una decisión. Me
quedé sentado hasta que las mujeres se fueron y
llamé al gordo que me atendía.

—¿Vienen todas las noches? —pregunté.

—¡Ajá! —contestó.

—¿También la que estaba sentada a mi lado?

—¡Ajá! —contestó otra vez—. Es Agnes, y viene todas las noches. ¿Por qué?

—Es que le oí decir que mañana es su cumpleaños. ¿Qué te parece si mañana en la noche le
organizamos aquí una fiesta sorpresa?

—¡Es una estupenda idea! —contestó sonrien-
do. Luego llamó a su esposa que estaba en la
cocina—: ¡Oye vieja, ven pa'cá! Este tipo quiere

que mañana le hagamos una fiesta sorpresa a Agnes.

Su esposa salió con una gran sonrisa y dijo:

—¡Eso es maravilloso! Agnes es una persona que siempre se preocupa por los demás y nunca nadie se preocupa por ella.

—Bueno —les dije—, si están de acuerdo, mañana vendré a las dos y media de la mañana para decorar el lugar y traeré un cake.

—De ninguna manera —dijo Harry (ese era su nombre)—. El cake corre por mi cuenta.

Al siguiente día, a las dos y media de la mañana, arreglé el restaurancito con algunas decoraciones de papel crepé que compré y con un gran letrero que decía: «¡Feliz cumpleaños, Agnes!» ¡El lugar se veía de lujo!

Seguramente la esposa de Harry había pasado la voz en las calles, porque ya para las tres y quince de la mañana todas las prostitutas de Honolulu estaban allí, y yo también.

A las tres y media en punto se abrió la puerta y entró Agnes con su amiga. Tenía a todo el mundo listo (yo era algo así como el maestro de ceremonias) y cuando entraron, todos gritamos: «¡Felicidades!»

Nunca en mi vida había visto a alguien tan perplejo, tan atónito, tan «fuera de onda». Su boca se abrió y sus piernas parecían doblarse. Su amiga la tomó del brazo para sostenerla y la sentó en una de las sillas de la barra mientras todos cantábamos «Feliz cumpleaños». Cuando cantamos la parte que dice: «... felicidades querida Agnes, te deseamos a ti», se le llenaron los ojos de lágrimas y, al ver el cake con las velas, no aguantó más y rompió en llanto.

—¡Ándale Agnes, apaga las velas! —le dijo Harris—. Si no, las voy a tener que apagar yo.

Después de algunos segundos lo hizo. Entonces le entregó un cuchillo y le dijo:

—¡Ándale Agnes, corta el cake! Todos queremos cake.

Agnes vio el cake y sin quitarle los ojos de encima le dijo a Harry suavemente:

—¿Estaría bien si yo...? quiero decir... ¿no te molestaría que yo...? Lo que quiero preguntarte es si... si no habría problema en que nos comiéramos el cake después.

—No hay bronca. Si quieres quedarte con él, ¡no hay problemas! Llévatelo a tu casa si quieres.

—¿Puedo? —preguntó. Se viró para mirarme y dijo—: Vivo en esta misma calle. ¡Me lo llevo a la casa, pero enseguida regreso!

Se levantó de la silla y cargó el cake como si fuera el Manto Sagrado. Todos nos quedamos boquiabiertos mientras salía.

Cuando la puerta se cerró hubo un gran silencio en el lugar. Sin saber qué otra cosa hacer, rompí el silencio diciendo:

—¿Qué les parece si oramos?

Ahora que recuerdo esto, me parece un poco extraño para un sociólogo guiar una reunión de oración con un grupo de prostitutas en una cafetería en Honolulu a las tres y media de la mañana. Pero en ese momento me pareció lo correcto. Oré por Agnes y por su salvación. Oré para que su vida fuera transformada y para que Dios la bendijera.

Cuando terminé de orar, Harry se recostó sobre el mostrador y con voz hostil me dijo:

—¡Oye!, tú nunca me dijiste que eras un predicador. ¿De qué iglesia eres?

En uno de esos momentos en los que vienen a tu mente las palabras adecuadas, contesté:

—Pertenezco a una iglesia que organiza fiestas de cumpleaños a las prostitutas a las tres y media de la mañana.

—¡No es cierto! —contestó Harry desconcertado y medio molesto—. ¡No existe una iglesia así! ¡Si hubiera alguna, me haría miembro de ella!

¿Y no lo haríamos todos? ¿No nos encantaría asistir a una iglesia que organizara fiestas de cumpleaños para prostitutas a las tres y media de la mañana?

Bueno, ¡pues esa es la clase de iglesia que Jesús vino a formar! No sé de dónde sacamos la otra que es tan particular y formal. Cualquiera que lee el Nuevo Testamento notará que a Jesús le encantaba celebrar reuniones con prostitutas y con todo tipo de gente discriminada. Los «pecadores» y publicanos amaban a Jesús porque andaba de fiesta con ellos. Los leprosos de la sociedad encontraron en Él alguien dispuesto a comer y beber con ellos. Y mientras los devotos solemnes no se podían identificar con lo que Él hacía, las personas solitarias, que usualmente no eran invitadas a fiestas, lo recibían con emoción.

Nuestro Jesús fue y es el Señor de la fiesta. Este libro tiene como propósito dejar este punto bien claro. Es un intento por destacar una dimensión a menudo olvidada de lo que el cristianismo es en realidad: ¡El Reino de Dios es una fiesta!

Capítulo 2

SEÑALES

DEL REINO

En nuestros intentos por comunicar el evangelio, buscamos nuevas imágenes y palabras. Lo que tenemos que decir al mundo es tan vasto, que las herramientas lingüísticas disponibles en nuestras conversaciones diarias nos dejan con un sentido de frustración. Sabemos que Dios está haciendo algo estupendo en nosotros, sabemos que está transformando al mundo por medio de nosotros. Y sabemos que la gente tiene que entender estas cosas si es que va a participar en los maravillosos cambios que Dios llevará a acabo para toda la humanidad.

A principios de siglo, los líderes cristianos conocidos como evangelistas sociales, hicieron uso de la frase bíblica «Reino de Dios». Estos campeones de la justicia social, incluidos predicadores notables y activistas como Walter Raushenbusch y Shailer Mathews, se esforzaron en comunicar la idea de que la salvación de Dios es mucho más que una manera de meter a la gente al cielo cuando muere; es algo para practicar en este mundo. Para ellos, la salvación era algo que no solamente transformaba individuos, sino también sociedades. Trataron de decirle a la gente de la iglesia que Dios no los había salvado del pecado solamente con el propósito de concederles una bienaventuranza celestial, sino para tener gente que trabajara para Él en la tierra. Decían que a través de aquellos que se convierten Dios desea cambiar las instituciones de la sociedad de manera que puedan hacer el bien e impartir justicia. Predicaban que Dios desea trabajar a través de Su gente, para transformar este mundo en el Reino de Dios.

En el Reino todos vivirán la vida que Dios planeó cuando creó la raza humana. En el Reino, la vida familiar, económica y política será practicada de acuerdo con el plan de Dios. El Reino de Dios será una sociedad en la que todos lo reconozcan como Rey y se relacionen unos con otros en los caminos dispuestos por Su amor. Ese mundo reconstruido y caracterizado por la justicia será uno en el que el mal será erradicado, la pobreza será eliminada y nunca más habrá guerra.

Esta imagen era bíblica y poderosa. A través de todas las escrituras y tradiciones hebreas, se puede apreciar un anhelo por el Reino. El mensaje de Jesús fue una declaración de que este Reino estaba a nuestro alcance. Sus parábolas eran explicaciones del Reino y sus milagros fueron señales de la presencia del Reino de Dios ya existente en el mundo.

Cuando los predicadores del evangelio social tomaron esta imagen hallaron un medio para destacar algunas dimensiones del evangelio que la iglesia tendía a ignorar. Sin embargo, su celo por demostrar lo imperativo de transformar las instituciones sociales en estructuras que expresaran amor y justicia, los llevaron a un extremo. Su mensaje sobre un Dios que desea establecer su Reino dentro de la historia humana desvió el énfasis en la salvación personal. A menudo pasaban por alto el hecho de que los humanos, como individuos, son en esencia pecadores y necesitan ser transformados en nuevas personas a través de un milagro de Dios.

Los evangelistas sociales se encontraron atrapados por el hiperoptimismo que caracterizó la actitud de los norteamericanos de principios de siglo y asumieron lo dicho por H. Richard Niebuhr: «Un Dios sin ira llevó a un hombre sin pecado a un reino sin juicio a través del ministerio de un Cristo sin cruz». Esto llevó a los fundamentalistas a recordar a la gente que, como individuos, necesitaban ser «salvos» del pecado y transformados en nuevas criaturas a través del poder del Espíritu Santo.

EL CONCEPTO DE SHALOM

Otros símbolos e imágenes bíblicas se destacaron en la década de los cincuenta, cuando los líderes cristianos trataron de encontrar nuevas formas para expresar la misión de Dios en el mundo y la necesidad de la participación activa de gente como nosotros. Muchos de los principales teólogos denominacionales, en especial aquellos asociados con el concilio Mundial de Iglesias, sostuvieron el concepto de *Shalom*. Esta antigua palabra hebrea, que simplemente puede ser traducida como «Paz», tenía un significado mucho más profundo en el mundo antiguo que en los cincuenta, por lo que se hizo un esfuerzo para recobrar el significado original.

En los tiempos de la Biblia los judíos utilizaban la palabra *Shalom* para saludarse cuando se encontraban y como una afectuosa despedida. Para ellos la palabra *Shalom* significaba un tiempo en el cual todas las personas podrían convivir como hermanos, un tiempo en el que nadie estaría hambriento y todos tendrían lo «suficiente» para vivir en la tierra que fluye leche y miel, donde la justicia corría como el agua. *Shalom* era el tiempo cuando el león y el cordero podrían yacer juntos, cuando las espadas serían transformadas en azadones y la guerra no existiría más. *Shalom* era ese mundo esperado por la gente de Israel. Era ese mundo que el Mesías traería en su venida.

La fantasía provista por la palabra *Shalom*, llegó a ser un motivo alrededor del cual los líderes de la iglesia organizaban sus actividades. Construir casas para la gente pobre contribuiría al *Sha-*

lom. Combatir el racismo, sostener el movimiento pacifista, participar en esfuerzos para salvar el medio ambiente, todo era hecho para fomentar a *Shalom*.

JUBILEO NO CELEBRADO

Durante los últimos años varios escritores neoevangélicos han hecho uso de otra palabra para expresar lo que creen que es el propósito de la misión cristiana. Han usado el término «jubileo». Este símbolo es especialmente útil para aquellos que creen que una de las prioridades de la iglesia es estar comprometida a proveer para las necesidades de los pobres y oprimidos. Escritores tales como Ron Sider y John Howard Yoder han hecho buen uso del concepto del jubileo en sus escritos, al exhortar a los cristianos a mantener un estilo de vida más responsable y sencillo, para que los recursos puedan estar disponibles para ministrar a aquellos que no tienen la comida ni el abrigo esenciales para sobrevivir.

La palabra jubileo proviene de los escritos de Moisés. En Levítico 25, se nos dice que la Ley de Dios exige que algunos días y años especiales sean separados tanto para honrarlo como para contribuir a nuestro propio beneficio. Todos sabemos que Dios requiere que su pueblo observe un día de reposo cada semana. El no leer los diez mandamientos nos haría ignorantes de esta disposición. Lo que es menos conocido es que al pueblo judío también se le exigía un año de reposo. El granjero debía dividir su tierra en siete secciones y permitir que una de las siete partes quedara virgen. De esta manera la tierra tenía oportunidad de ser renovada y revitalizada. Es de este requerimiento de las Escrituras en Levítico 25.1-7 que los que nos dedicamos a las labores académicas tuvimos la idea de una licencia sabática o de reposo cada siete años.

Pero hubo también un tercer requisito en la Ley de Dios en relación al concepto del sábado o día de reposo. Y ese era el mandamiento de observar el jubileo. De acuerdo con Levítico 25.8, en el año cincuenta había que hacer una celebración especial en la cual, entre otras cosas, la equidad económica era afirmada. Todas las deudas debían ser perdonadas en el año del jubileo. Todas las tierras eran devueltas a sus propietarios originales y aquellos que estaban en prisión eran puestos en libertad. En esos días, la prisión era principalmente para deudores, ya que la mayoría de los otros crímenes eran castigados con la muerte.

Obviamente, como la Biblia dice, jubileo significaba buenas noticias para el pobre. Me imagino cómo reaccionarían los recién graduados de la universidad si se les anunciara repentinamente que el año siguiente todas las deudas contraídas por préstamos educacionales serían canceladas. En el mundo antiguo, para los muy pobres, la cancelación de las deudas significaba ser librados de la prisión o de la esclavitud; jubileo significaba un préstamo sobre la vida completamente renovada.

No es de sorprenderse entonces que, hasta donde los historiadores bíblicos han investigado, los judíos nunca celebraron el año del jubileo. Los rabinos daban varias justificaciones y razonamientos para no observarlo, pero la verdad del problema es que los judíos nunca cumplieron toda la ley del *sabbath*.

En los escritos del profeta Isaías aprendemos que el cumplimiento de la Ley de Moisés con respecto al año del jubileo iba a permanecer como algo que el Mesías realizaría. De acuerdo a Isaías 61, cuando el Mesías venga traerá el nuevo orden económico en el cual el pobre sea liberado de toda opresión y puesto en libertad para vivir la vida al máximo.

El Espíritu de Jehová el Señor está sobre mí, porque me ungió Jehová; me ha enviado a predicar buenas nuevas a los abatidos, a vendar a los quebrantados de corazón, a publicar libertad a los cautivos, y a los presos apertura de la cárcel; a proclamar el año de la buena voluntad de Jehová, y el día de venganza del Dios nuestro; a consolar a todos los enlutados (Isaías 61.1-2).

Isaías nos deja ver que, cuando el Mesías venga, le conoceremos porque declarará ese año como el «Año del Señor» para Israel. Esto habría de ser la señal de su identidad.

A la luz de estos antecedentes, puedes suponer que esto debe haber sido como aquel día de adoración en la sinagoga de Nazaret cuando el hijo de María estuvo frente a una congregación de personas y declaró que el año del jubileo estaba siendo instituido por su palabra.

La escena fue antecedida por el regreso de Jesús a su ciudad natal después de haber ganado una reputación importante como maestro y hacedor de milagros en la región de Galilea. Como era la costumbre en el antiguo Israel, los rabinos visitantes tenían siempre el privilegio de leer las Escrituras como parte del servicio de adoración del sábado en la sinagoga. Indudablemente, este privilegio tuvo un significado muy especial para María cuando le fue concedido a Jesús. Esta era la oportunidad de presumir con su hijo, quien había cuidado tan bien a la familia después de la muerte de José.

Cuando llamaron a Jesús a leer las Escrituras, Él pidió el rollo que contenía los escritos de Isaías, encontró el pasaje anteriormente citado, y lo leyó. Regresó después a su asiento, a pesar de que todas las miradas estaban fijas en Él. Lo que ocurrió después fue lo que realmente causó impacto. Jesús, volteando sobre su hombro pronunció esta increíble declaración: «[...] Hoy se ha cumplido esta Escritura delante de vosotros» (Lucas 4.21).

Nada pudo haber sido tan dramático como el anuncio de que Él se consideraba a sí mismo el Mesías enviado por Dios. Ninguna declaración habría sido más clara respecto a que Él se veía a sí mismo como el cumplimiento de la profecía hecha por Isaías.

La multitud se enfrentó a una decisión. Una de dos: o el hijo de María era el enviado de Dios o simplemente acababa de blasfemar. Decidieron la segunda, y llevaron a Jesús a las afueras del pueblo para arrojarlo sobre el despeñadero.

Lo que siguió fue algo asombrosamente dramático por la virtud de su sencillez. El Hijo de Dios no ordenó que descendiera un ejército de ángeles ni desapareció de repente, sino que en una escena que comparativamente haría ver a John Wayne como cobarde, Jesús se volteó a ellos y caminó hacia la multitud. Debió haber algo tan poderoso en su presencia, que la multitud que había estado determinada a matarlo, simplemente se apartó y lo dejó pasar sin poner una mano sobre Él (Lucas 4.29-30).

La importancia de todo esto para nosotros es que, en este hecho, Jesús hizo la declaración de jubileo enfocada a su misión e identidad. Su salvación incluye no sólo la libertad del pecado y la sanidad física, sino que además involucra un regalo de bienestar económico para el pobre y oprimido del mundo. Es fácil ver que esta imagen particular del trabajo de Cristo, tiene especial significado para aquellos que tratan de despertar a los cristianos contemporáneos al llamado de Dios a servir a los pobres y a las gentes socialmente desheredadas de este mundo.

El problema principal con esta imagen, o símbolo de la misión cristiana, es que tanto el jubileo, como el concepto de Shalom, requiere demasiada explicación para que el verdadero significado cause impacto en la mayoría de la gente. Las connotaciones sociales y emociones que se supone deben comunicar no son evidentes. Se necesita de algo que dé un ejemplo más cercano y cotidiano de lo que Dios quiere hacer en este mundo. He buscado una figura o palabra que pueda hacer eso por nosotros. Y mientras que ninguna puede hacer el trabajo de la manera adecuada, quiero intentarlo con otra que creo que comunica esta descripción del Reino de Dios a los lectores u oyentes modernos. Es una palabra que crea una imagen instantánea a cualquiera que la escucha. La palabra es «fiesta». El Reino de Dios es una fiesta. Espero que te quedes conmigo mientras desarrollo mi caso.

Capítulo 3

¡A
FIESTAR!

Estuve leyendo Deuteronomio 14.22-29 y el pasaje me estremeció fuertemente. Me percaté que lo había entendido de manera totalmente equivocada, siempre había pensado que Dios le había dicho a Moisés que separáramos el diez por ciento de todos nuestros ingresos para darlo a Su obra (por ejemplo, los ministerios de la iglesia). Pero conforme leí y releí el pasaje, fue muy claro que el diezmo no era para eso. El diezmo era para festejar.

UNA CELEBRACIÓN GIGANTE

Una vez al año, conforme a lo que Moisés escribió en Deuteronomio 14, el pueblo de Dios traía una décima parte de todas sus ganancias al templo en Jerusalén. ¡Imagínate! ¡Una décima parte del producto interno bruto de Israel! Y no era para usarse en misiones. Ni tampoco era para hacer obras de caridad. Ni siquiera para construir un anexo al templo. Era para usarse en una fiesta gigantesca. ¡Aquí está! Léelo a continuación por ti mismo:

Indefectiblemente diezmarás todo el producto del grano que rindiere tu campo cada año. Y comerás delante de Jehová tu Dios en el lugar que Él escogiere para poner allí su nombre, el diezmo de tu grano, de tu vino y de tu aceite, y las primicias de tus manadas y de tus ganados, para que aprendas a temer a Jehová tu Dios todos los días.

Y si el camino fuere tan largo que no puedas llevarlo, por estar lejos de ti el lugar que Jehová tu Dios hubiere escogido para poner en él su nombre, cuando Jehová tu Dios te bendijere, entonces lo venderás y guardarás el dinero en tu mano, y vendrás al lugar que Jehová tu Dios escogiere; y darás el dinero por todo lo que deseas, por vacas, por ovejas. por vino, por sidra, o por cualquier cosa que tú deseares; y comerás allí delante de Jehová tu Dios, y te alegrarás tú y tu familia. Y no desampararás al levita que habitare en tus poblaciones; porque no tiene parte ni heredad contigo.

Al fin de cada tres años sacarás todo el diezmo de tus productos de aquel año, y lo guardarás en tus ciudades. Y vendrá el levita, que no tiene parte ni heredad contigo, y el extranjero, el huérfano y la viuda que hubiere en tus poblaciones, y comerán y serán saciados; para

que Jehová tu Dios te bendiga en toda obra
que tus manos hicieren (Deuteronomio 14.22-29).

Con razón el pequeño David podía cantar: «Yo
me alegré con los que me decían: A la casa de
Jehová iremos». ¿A qué chico no le encantaría ir a
una fiesta gigantesca? Ni siquiera un niño mal-
criado hubiera dicho: «¡Ay, yo no quiero ir! ¡La
iglesia es muy aburrida!» Sólo ve el pasaje de la
Escritura. La celebración en el Monte de Sion era
de todo, menos aburrida. Había mucho de comer
y beber. Había danza, cantos y una celebración
exuberante.

Todos eran invitados a la fiesta, desde viudas
que nunca habían tenido una noche divertida en
años, hasta niños pobres que nunca habían tenido
dinero para comprar un boleto de entrada al *Disneyland* de aquella época. Las prostitutas y los co-
bradores de impuestos eran invitados. ¿Qué
importaba si su reputación era cuestionable?
Cuando se trata realmente de una buena fiesta
todo eso se te olvida. Todo el mundo olvidaba
sus títulos y credenciales en esta maravillosa fiesta. Los ricos bailaban con los pobres. Los dueños
y los jefes disfrutaban con los empleados. Los in-
telectuales sofisticados cantaban al lado de los re-
probados. ¡Era la locura!

Si te preguntas el porqué de todos estos festejos, permíteme decírtelo. La fiesta fue y es acerca
del Reino de Dios. Ha sido planeada por Dios

para ser una anticipo de lo que Él tiene en mente para cuando llegue su reino a la tierra. La vida puede ser dura. Puede estar llena de problemas. Pero en medio de todo, Dios nos dice que apartemos el diezmo, es decir el diez por ciento de todo lo que ganamos en nuestras labores y que celebremos una fiesta que nos recuerde lo que Él tiene para nosotros.

Las Escrituras nos dicen que gastemos todo este dinero en celebrar, porque es cuando celebramos que conocemos un poco más acerca de la clase de Dios que tenemos. Él no es como un prestamista trascendental que exige el pago de sus intereses ni tampoco como un ejecutivo deísta del universo. Nuestro Dios es una deidad de festejos. Le encantan las fiestas. Si no me crees, entonces pon atención a lo que su Hijo Jesús tenía que decir acerca del reino de su Padre:

> El reino de los cielos es semejante a un rey que hizo fiesta de bodas a su hijo; y envió a sus siervos a llamar a los convidados a las bodas; mas éstos no quisieron venir. Volvió a enviar otros siervos, diciendo: He aquí, he preparado mi comida; mis toros y animales engordados han sido muertos, y todo está dispuesto; venid a las bodas (Mateo 22.2-4).
>
> Y el ángel me dijo: Escribe: Bienaventurados los que son llamados a la cena de las bodas del Cordero. Y me dijo: Estas son palabras verdaderas de Dios (Apocalipsis 19.9).

¿Captaste? Jesús dijo que el reino de su Padre es como una recepción de bodas en la que quiere que sus amigos celebren con Él como si fuera el novio.

He estado en bodas judías y se parecen mucho a las bodas italianas. (Y conozco mucho de esas.) Para nosotros, los de la región del Mediterráneo, la recepción de boda es por todo lo alto. Honestamente, creo que no conoces ni sabes lo que es festejar hasta que estás en una de nuestras recepciones de boda. Los padres llegan a hipotecar sus casas para conseguir dinero y hacer la boda a lo grande. Llegan a endeudarse si es necesario. ¡Ponen cada dólar que tienen para asegurarse de que habrá suficiente música, comida y bebida para mantener a todo el mundo celebrando la noche entera! ¡Y Jesús dijo que su reino es como esto!

Hace poco prediqué estas buenas noticias acerca del Reino de Dios y una joven pareja «me abordó» tan pronto como había terminado para decirme que encontraban mi mensaje objetable. Decían que el Reino de Dios estaba marcado por el dolor, el sufrimiento y el sacrificio, y que yo había distorsionado el mensaje bíblico.

Por supuesto que estuve en desacuerdo. No quiero decir con esto que los cristianos no tengan que soportar el dolor, el sufrimiento y el sacrificio. La historia del cristianismo muestra que los santos de la Iglesia han tenido que soportar todas estas cosas. Los cristianos seguimos a un Cristo que fue un varón de dolores. Jesús cargó su cruz y quiere que los que lo siguen hagan lo mismo. Pero la razón de que Jesús y sus seguidores soporten todo esto es para crear el Reino. El dolor, sacrificio y sufrimiento son medios para alcanzar un fin, el Reino de Dios.

Reconozco que el reino que Él declaró, aún está por venir. El Reino de Dios con todas sus maravillas está todavía en el futuro. No llegará completamente hasta que las trompetas hayan sonado para anunciar el regreso del Señor de la fiesta, quien entonces presidirá las festividades como el máximo Maestro de Ceremonias. Pero lo que está por venir es para ser disfrutado ahora en parte.

Siempre que los cristianos tienen una fiesta, proveen una muestra de lo que está por venir. Siempre que celebran con alegría y canciones están evangelizando. Trasmiten el mensaje de que el Reino de Dios se ha acercado y de que es una fiesta maravillosa. Fue la visión de lo que había de venir, lo que hizo posible a Jesús soportar su agonía en el Calvario.

> ... puestos los ojos en Jesús, el autor y consumador de la fe, el cual por el gozo puesto delante de Él sufrió la cruz, menospreciando el oprobio, y se sentó a la diestra del trono de Dios (Hebreos 12.2).

Y es la visión de lo que vendrá lo que nos permite soportar el dolor y sufrimiento que marca nuestras vidas.

El Espíritu mismo da testimonio a nuestro espíritu, de que somos hijos de Dios. Y si hijos, también herederos; herederos de Dios y coherederos con Cristo, si es que padecemos juntamente con Él, para que juntamente con Él seamos glorificados (Romanos 8.16-17).

Por tanto, no desmayamos; antes aunque este nuestro hombre exterior se va desgastando, el interior no obstante se renueva de día en día. Porque esta leve tribulación momentánea produce en nosotros un cada vez más excelente y eterno peso de gloria; no mirando nosotros las cosas que se ven, sino las que no se ven; pues las cosas que se ven son temporales, pero las que no se ven son eternas (2 Corintios 4.16-18).

Nuestro Jesús vino para que su gozo pudiera estar en nosotros y para que nuestro gozo fuera pleno (Juan 15.11).

Al regresar al pasaje de la Escritura citado al principio de este capítulo, veamos una vez más en el Antiguo Testamento el concepto del diezmo. He sugerido que diez por ciento del ingreso de cada familia que Dios había ordenado traer al templo cada año, no era para utilizarse en misiones ni en típicos «proyectos de la iglesia». En su lugar, todo este dinero era para gastarse en un tiempo ameno que daría evidencia de la clase de Dios que tenemos y de qué tipo de reino es el que está construyendo.

¡Nota esto! El diezmo es un ejemplo de la cantidad que se supone debemos gastar en celebración. Pero también establece límites de lo que nos es permitido gastar en un festejo. Otro noventa por ciento de nuestros ingresos es para dedicarse en oración al servicio a Dios, a la familia y a aquellos en necesidad fuera de la familia. Noventa por ciento es para santificarse para el trabajo al que Dios nos ha llamado, al unirnos a Él en el establecimiento de Su Reino aquí en la tierra, como es en el cielo (Mateo 6.10).

Es obvio lo que ha estado mal. Nosotros los cristianos, especialmente aquellos que vivimos en Estados Unidos, hemos invertido las cifras. En lugar de gastar diez por ciento en festejar y noventa por ciento en el servicio del Reino, normalmente gastamos noventa por ciento en festejos y después, a lo mejor, damos diez por ciento para el servicio en el trabajo misionero y para suplir las necesidades de los pobres.

El evangelio son las buenas noticias acerca de la celebración y el festejo que caracterizan al Reino de Dios y en la vida de los cristianos esta celebración y este festejo debería ser ya evidente. Pero hasta que el Reino venga en plenitud, hay trabajo que realizar. Hay un mensaje por predicar. Hay millas por andar. Entre el ahora y el glorioso «entonces» tenemos que festejar, pero hay límites de cuánto podemos gastar en eso. Ese límite es diez por ciento.

INCÓMODOS POR JESÚS

He observado que para muchos cristianos este énfasis sobre el Reino de Dios como «una fiesta» puede parecer inapropiado y en algunos casos un poco vergonzoso. Pero Jesús siempre ha causado incomodidad a los piadosamente religiosos. Recientemente me llamó la atención un reportaje en el periódico acerca de este punto. Cierto dueño de un restaurante en un condado bajo la «ley seca», en el estado de Georgia, solicitó permiso al representante oficial para servir vino a sus comensales. El permiso fue denegado a pesar del argumento del dueño del restaurante de que Jesús había bebido vino.

«Yo sé que lo hizo», respondió uno de los comisionados, quien resultó ser diácono en una iglesia bautista, «¡y siempre me he avergonzado de Él por esto!»

¡Por favor! No creas que trato de justificar el alcoholismo. Simplemente quiero poner en claro que nuestro Jesús a menudo nos ha incomodado con lo que ha hecho y con la forma en la que nos llama vivir. Aun Juan el Bautista tuvo problemas para aceptar algunas de las bromas de Jesús. Pero recuerda que Él dijo a cada uno de nosotros: «... y bienaventurado es el que no halle tropiezo en mí» (Mateo 11.6).

Muchos de los fariseos estaban entre aquellos que se sintieron incomodados por Jesús en sus ideas preconcebidas acerca de lo que era la religión. Estaban convencidos de que su estilo de festejar era contrario a lo que consideraban característico de la verdadera espiritualidad.

Por supuesto, aquellos críticos fariseos de Jesús fueron entonces, y son ahora, gente que encuentra fallas sin importar cuáles. Toda vez que nuestro estilo de vida está definido por lo cánones de «los religiosos» más que por las Escrituras y la guía del Espíritu encontraremos que es imposible complacerlos sin importar qué hagamos. Jesús lo aclaró cuando respondió a las críticas al decir:

> Mas ¿a qué compararé esta generación? Es semejante a los muchachos que se sientan en las plazas, y dan voces a sus compañeros, diciendo: Os tocamos flauta, y no bailasteis; os endechamos, y no lamentasteis. Porque vino Juan, que ni comía ni bebía, y dicen: Demonio tiene. Vino el Hijo del Hombre, que come y bebe, y dicen: He aquí un hombre comilón, y bebedor de vino, amigo de publicanos y de pecadores. Pero la sabiduría es justificada por sus hijos (Mateo 11.16-19).

En otras palabras, Jesús dijo que ellos eran el tipo de religiosos que no estarían satisfechos nunca, sin importar lo que Él hiciera. Jesús nos enseñó que, independientemente al estilo de vida que adoptemos, siempre habrá religiosos «encuentra-fallas» que nos discriminaran.

Judas fue uno de esos tipos juzgones que tuvo problemas con las dimensiones festivas del estilo de vida de Jesús. Leemos en Juan 12.1-8 cómo María, la hermana de Lázaro, hizo una de estas cosas espontáneas que hacen que las fiestas sean superespeciales. Mientras Jesús y sus amigos disfrutaban juntos, ella derramó un perfume realmente costoso sobre los pies de Jesús (es probable que costara unos mil dólares). Esto no es algo que estremecería a cualquiera en alguna de nuestras fiestas hoy en día, pero simplemente demuestra cómo es que las cosas pueden cambiar. En el antiguo Israel un hecho como este era el tipo de cosas extravagantes que ocasionaba *ohs* y *ahs* en la gente.

Es evidente que lo que María le dijo a Jesús con esto fue que Él era lo más grande en su vida, y que lo adoraba absoluta y sinceramente. Pero hacía mucho que ella había pasmado a todo el mundo con su gozosa espontaneidad, cuando el viejo Judas habló y recordó a los presentes que el perfume podía haber sido vendido y dado a los pobres. El viejo «aguafiestas» trató de arrojar agua fría en la celebración; pero nuestro Jesús simplemente no le dejó salirse con la suya. En lugar de esto, elogió lo que María había hecho y declaró que en cualquier lugar en que el evangelio fuese predicado, sería relatada la historia de su gloriosamente extravagante expresión de amor.

Desde entonces han habido fariseos y judas que no han dejado que nos gocemos sin hacer observaciones viles acerca de las cosas más productivas que se podrían hacer con el dinero gastado en la fiesta. Siempre debemos recordarles a estos aguafiestas que a Dios le encanta que festejemos y hasta nos ordena que gastemos diez por ciento de todos nuestros ingresos (digo que esto es «antes de impuestos») en estas aparentes frivolidades. Cuando vamos a *Disneyland* y disfrutamos de los juegos, nuestras risas son sólo una muestra de lo que Dios nos tiene reservado. Cuando compramos helados de chocolate, es como probar el sabor de todas las cosas buenas que están planeadas para nosotros en el Reino.

Diez por ciento de nuestros ingresos es para ser gastado en celebración y cuando los judas del mundo nos hagan piadosos recordatorios de que los recursos hubieran sido dados a los necesitados, debemos decirles que nuestro Dios nunca planeó que nuestra vida estuviera llena solamente de diversión y celebración. Es más, sólo el diezmo está designado para pagar esta clase de ratos agradables. A aquellos que se molestan con la afirmación de que el Reino de Dios es una fiesta les recordaría que Jesús hizo su primer milagro en una recepción de bodas (Juan 2.1-11). Cuando parecía que se le acababa el vino al anfitrión, Jesús transformó un poco de agua en vino, simplemente para que la fiesta continuara. ¡Gloria a Dios!

Capítulo 4

EL QUE QUIERA

PUEDE VENIR

John Carlson, un joven ministro luterano de Minnesota, obtuvo gran reconocimiento cuando dio a conocer la novedosa idea de hacer una fiesta especial la noche de la fiesta de graduación de preparatoria, para aquellos que no tenían pareja. En todos los Estados Unidos, la fiesta de graduación es una noche deprimente, dura y amarga para cientos de miles de estudiantes. El no tener pareja para el baile es una declaración pública de rechazo. Todo el mundo considera perdedores a los que no consiguen pareja. Pero lo más triste es que el sentimiento de rechazo e inferioridad simbolizado por no tener pareja para la graduación atormenta a estos jóvenes a lo largo de sus años escolares. La fiesta de graduación es simplemente el golpe final.

En lo que concierne a John Carlson, la graduación no era el tipo de fiesta que le hubiera gustado a Jesús. En su opinión era demasiado exclusiva para ser cristiana. Parecía estar reservada para los guapos o populares. Por eso planeó una alternativa a la fiesta de graduación para aquellos que «el sistema» había destinado como perdedores y rechazados. La llamó: «La fiesta de los rechazados». Los invitados especiales eran los que no tenían pareja y a los jóvenes les encantaba. La fiesta de los rechazados se llevaba a cabo el mismo día que la graduación y, con el paso del tiempo, se convirtió en una superfiesta que hacía que la habitual fuera ínsipida y aburrida.

Una vez que esta fiesta empezó, nada la pudo detener. Cada año ha crecido el número de los que asisten a ella. La fiesta empezó a divulgarse por la prensa. La compañía Timex regaló relojes a los chicos que asistían. Otras compañías se unieron a ella, todos los asistentes recibían muchísimos regalos y recuerdos. No tardó mucho en que los jóvenes que sí conseguían pareja y asistían a la graduación decidieron ya no hacerlo. Preferían unirse a los «rechazados» en la diversión de su fiesta tan especial.

Qué gran señal de que el Reino de Dios está entre nosotros. Lo que John Carlson inició debe tener a los ángeles en el cielo riendo y a nuestro Señor con una sonrisa. Esta es la clase de celebración que Él ordenó en Deuteronomio 14.22-28. En esa fiesta del Antiguo Testamento había ordenanzas especiales para que los invitados de honor fueran las viudas, los huérfanos, los lisiados y los ciegos.

La celebración de la Pascua era una fiesta para aquellos que no tenían lo suficiente para hacer una.

En el Nuevo Testamento, las fiestas son las buenas noticias para el pobre y el oprimido. El apóstol Pablo nos dice que los que se sienten de alto rango y los pertenecientes a las élites rara vez asisten a la fiesta de Dios. Son los «rechazados» los que asisten a ella.

> Pues mirad, hermanos, vuestra vocación. que no sois muchos sabios según la carne, ni muchos poderosos, ni muchos nobles; sino que lo necio del mundo escogió Dios, para avergonzar a lo fuerte; y lo vil del mundo escogió Dios y lo menospreciado escogió Dios, y lo que no es, para deshacer lo que es, a fin de que nadie se jacte en su presencia (1 Corintios 1.26-29).

Jesús se enfrentó a lo mismo cuando describió su Reino:

> Entonces Jesús le dijo: Un hombre hizo una gran cena, y convidó a muchos. Y a la hora de la cena envió a su siervo a decir a los convidados: Venid, que ya todo está preparado. Y todos a una comenzaron a excusarse. El primero dijo: He comprado una hacienda, y necesito ir a verla; te ruego que me excuses. Y otro dijo: He comprado cinco yuntas de bueyes, y voy a probarlos; te ruego que me excuses. Y otro dijo: Acabo de casarme, y por tanto no puedo ir. Vuelto el siervo, hizo saber estas cosas a su señor. Entonces enojado el padre de familia, dijo a su siervo: Ve pronto por las pla-

zas y las calles de la ciudad, y trae acá a los pobres, los mancos, los cojos y los ciegos. Y dijo el siervo: Señor, se ha hecho como mandaste, y aún hay lugar. Dijo el señor al siervo: Ve por los caminos y por los vallados, y fuérzalos a entrar, para que se llene mi casa (Lucas 14.16-23).

Los ricos y los poderosos están demasiado ocupados para venir. Pero bienaventurados los pobres. Ellos no están ocupados para hacerlo.

UNA FIESTA PARA TODOS

Es una verdadera tragedia que tanta gente de nuestro mundo parezca estar fuera de la fiesta de Dios. Esto no es Su voluntad. Él quiere que su fiesta sea general y se entristece de que no sea así.

Hace algunos años un hombre llamó a mi oficina con una petición poco usual. Al saber que yo encabezaba una organización misionera que tenía gran variedad de programas en Haití, pensaba si era posible ir a una aldea de Haití y llevar una cena navideña para sus habitantes. Tuvo la visión de que unas doscientas personas en Navidad comieran pavo, papas y salsa de arándanos al típico estilo norteamericano.

A decir verdad, la primera vez que me lo dijo pensé que era una idea loca. Pero mientras más pensaba en ello, más podía ver lo positivo de aquella posibilidad. Por supuesto que vino a mi mente la pregunta obligada de que si era adecuado o no para gente de una cultura imponer sus formas particulares de celebración a gente de otra. Pero como conocía la pobreza de la gente de Haití, llegué a la conclusión de que una típica cena norteamericana sería mejor que pasar hambre el día de Navidad.

Adelanté el dinero que el hombre había donado para el festín al pastor haitiano que dirigía uno de los ministerios que sosteníamos y él se encargó de todos los arreglos necesarios. El día de Navidad, la gente de la aldea le dio la bienvenida a su benefactor norteamericano acompañado por su familia y juntos tuvieron una fiesta. Estuvo increíble. El gozo y la celebración que la caracterizaron eran de «otro mundo». La risa contagiosa de los pequeños, el canto de los adolescentes y la sonrisa en la cara de los adultos hicieron que esta fiesta fuera única. Sin duda, fue la mejor fiesta a la que este hombre jamás había asistido y la mejor Navidad que él y su familia habían gozado.

Los invitados de honor a la fiesta en Haití fueron los pobres y los oprimidos. Esa es la clase de fiesta que agrada al Señor, la que prescribió en Deuteronomio 14.

Si el Reino de nuestro Señor está compuesto por gente que puede celebrar con gozo lo bueno de la vida que Él ha ordenado, entonces debemos asegurarnos de que nadie esté impedido de gozar de la fiesta. Si los niños de un ghetto en Filadelfia tienen poco que celebrar porque sus casas son pocilgas y viven en medio de la violencia de pandillas, entonces debemos hacer algo para cambiar todo eso. Si los negros en Sudáfrica tienen que soportar humillación por causa de la segregación racial, entonces esta debe ser destruida. Si a los palestinos se les niegan sus derechos humanos y son como extranjeros en la misma tierra donde nacieron, entonces debemos protestar. Si los católicos del norte de Irlanda son tratados como ciudadanos de segunda clase por la mayoría protestante, entonces debemos trabajar y orar por la reestructuración del sistema social irlandés.

En palabras sencillas, debemos avocarnos a destruir todas las barreras que mantienen a nuestros hermanos y hermanas sin poder entrar a la celebración de vida que es la marca del Reino de Dios. Nuestro llamado es a unirnos con Cristo para destruir todas las obras del diablo (1 Juan 3.7-10).

Sentado frente al televisor en un hotel de Zurich, en Suiza, esperaba el vuelo de regreso a casa cuando volvía de África. Los sentimientos de soledad y de ansiedad por llegar me mantenían despierto. Entonces, en el televisor apareció la imagen de los Juegos Olímpicos. Al principio, los equipos marchaban alrededor del estadio vestidos con sus uniformes oficiales y llevando su bandera nacional en un ordenado desfile que los hacía verse como soldados pasando revista.

De repente, los competidores olímpicos rompieron filas. Corrieron y danzaron unos con otros espontáneamente, destilando entusiasmo. Las impecables filas se habían esfumado. Las nacionalidades habían sido destruidas. Ya no había ganadores o perdedores, comunistas o capitalistas, blancos o negros, hispanos o asiáticos, ricos o pobres. Había solamente gente feliz danzando y abrazándose, amándose unos a otros. En ese momento de éxtasis, todas las divisiones entre la humanidad fueron borradas. Por un segundo, las barreras sociales creadas entre la gente del mundo fueron olvidadas. Al mismo tiempo había un pandemónium de gozo y una felicidad inexpresable.

Mientras veía esta fiesta de despedida, mi depresión desapareció. Aunque estaba solo, me levanté y aplaudí, y mientras celebraba, sentí que el Señor me decía que así será cuando el Reino venga con todo su esplendor.

En el libro de los Hechos leemos:

Cuando llegó el día de Pentecostés, estaban todos unánimes juntos. Y de repente vino del cielo un estruendo como de un viento recio que soplaba, el cual llenó toda la casa donde estaban sentados; y se les aparecieron lenguas repartidas, como de fuego, asentándose sobre cada uno de ellos. Y fueron todos llenos del Espíritu Santo, y comenzaron a hablar en otras lenguas, según el Espíritu les daba que hablasen.

Moraban entonces en Jerusalén judíos, varones piadosos, de todas las naciones bajo el cielo. Y hecho este estruendo, se juntó la multitud;

y estaban confusos, porque cada uno les oía
hablar en su propia lengua.

Y estaban atónitos y maravillados, diciendo:
Mirad, ¿no son galileos todos estos que hablan?
¿Cómo, pues, les oímos nosotros hablar cada
uno en nuestra lengua en la que hemos nacido?
Partos, medos, elamitas, y los que habitamos en
Mesopotamia, en Judea, en Capadocia, en el
Ponto y en Asia, en Frigia y Panfilia, en Egipto
y en las regiones de África más allá de Cirene,
y romanos aquí residentes, tanto judíos como
prosélitos, cretenses y árabes, les oímos hablar
en nuestras lenguas las maravillas de Dios.

Y estaban todos atónitos y perplejos, dicién-
dose unos a otros: ¿Qué quiere decir esto?
(Hechos 2.1-12).

En la fiesta generada por el Espíritu Santo,
todas las divisiones son destruidas: «Ya no hay
judío ni griego; no hay esclavo ni libre; no hay
varón ni mujer; porque todos vosotros sois uno
en Cristo Jesús» (Gálatas 3.28).

Mientras veía la escena por televisión miré
también, a través de un oscuro cristal, la fiesta
que dio nacimiento a la Iglesia y la que marcará
su triunfo final. Lo que presencié solamente me
hizo desear el día cuando vea esto cara a cara. La
visión de lo que sucederá me provoca una increíble insatisfacción con lo que existe ahora.

La fiesta que está por venir me hace sentir
intolerante con los sistemas y estructuras que la
mantienen detenida. No existe nada más que pro-

voque cambios sociales como las pequeñas muestras de la fiesta que será dada por el Dios que nos la promete por Su gracia.

UNA FIESTA DE PAZ

Los sociólogos por mucho tiempo han sabido que el cambio social y la revolución no ocurren debido a que las cosas son deplorables, sino en el momento en el cual la gente ve la posibilidad de lo que pueden ser. Las pequeñas muestras de lo que Dios tiene preparado para nosotros me hacen querer destruir las estructuras sociales injustas en este mundo que impiden que se celebre la fiesta llamada «Reino de Dios». El gozo anticipado de la fiesta es un preludio de la revolución de Dios. Esa imagen del Reino de Dios en los Juegos Olímpicos de los Ángeles es algo que debo recordar.

> Antes bien, como está escrito: Cosas que ojo no vio, ni oído oyó, ni han subido en corazón de hombre, son las que Dios ha preparado para los que le aman (1 Corintios 2.9).

Lo que los sociólogos no saben es lo poderosa que puede ser una fiesta en favor de la paz. Durante la Guerra Civil Norteamericana, el ejército de la Unión y el Confederado estaban enfrascados en una batalla mortal en las afueras de Richmond. Mientras caía la noche del primer día de batalla, se escucharon vítores en las líneas confederadas. Cuando el general Grant preguntó qué sucedía tras las líneas enemigas, se le informó que la esposa del general George Pickett había dado a luz un varón y que sus tropas lo estaban celebrando.

Después de recibir la noticia, el general Grant ordenó encender fogatas y que se hicieran brindis. Se escucharon vivas y hurras toda la noche. Por algunas horas, se detuvo el fuego y los soldados fueron unidos por una fiesta. El nacimiento del hijo del general Pickett sólo detuvo temporalmente la guerra. Pero esto permanece como evidencia de lo que una buena fiesta puede lograr.

Las buenas noticias son que otro Hijo nació y que algunos dejaron lo que hacían y por un momento se gozaron con un poco de paz. Había cantos en los cielos, al menos eso fue lo que dijeron los pastores, y extraños visitantes vinieron en busca de un bebé al que llamaron Príncipe de Paz. No todo el mundo ha recibido el mensaje, así que muchos no saben acerca de este bebé. Pero este niño empezó un movimiento y sabemos que algún día todos asistirán a su celebración y le llamarán el Señor de la fiesta.

Está por llegar un gran día en el que el mundo cambiará. El león yacerá junto a la oveja. Las espadas serán convertidas en azadones. Y la gente olvidará la guerra. Lo que empezó con una fiesta de natalicio terminará con una de bodas y le llamaremos el «Reino de Dios». Debemos orar y trabajar por esto.

Capítulo 5

FIESTAS
FALSAS

El mundo también tiene sus fiestas. A primera vista parecen más atractivas que la de Dios. Aparentan ser encantadoras, emocionantes y, además, parecen atraer a gente más interesante. Ser invitado a una de ellas es a menudo la mejor manera de estar seguro de que eres «alguien». Los poderes demoníacos que operan en esas fiestas las hacen parecer el lugar ideal.

La película *Animal House* [Casa de animales] describió a las fiestas de las fraternidades universitarias como la mejor diversión que cualquier jovencito soñaría disfrutar. Con su elenco de estrellas hacía ver la fraternidad de la vida universitaria como lo máximo. El estilo agudo, inteligente y «oportuno» de Bill Mung y sus compañeros de fraternidad daban por sentado que el tipo de fiesta que ellos ofrecían era absolutamente lo mejor que se hacía durante los años de universidad.

La realidad es totalmente opuesta. En muchas universidades las fraternidades han sido disueltas por los oficiales administrativos, debido a que sus fiestas han sido catalogadas como crueles, inhumanas y peligrosas. En tres universidades de Filadelfia, mi ciudad natal, se tomaron medidas en contra de las fraternidades porque las brutalidades de sus fiestas terminaban con estudiantes muertos.

Las feministas en la mayoría de las grandes universidades han sido provocadas en gran manera por lo que han hecho con las mujeres en las fiestas de las fraternidades. Serios estudios sociológicos afirman que más de una cuarta parte de las mujeres universitarias han sido violadas o han escapado con dificultad de intentos de violación. La increíble proporción de estas violaciones es lo que se conoce en los Estados Unidos como *date rapes*. Esto básicamente significa que los hombres que intentan la violación son estudiantes compañeros, que han hecho de esto una parte de lo que se imaginan debe ser una buena cita con una mujer.

Las feministas de las universidades aseguran que durante las fiestas en las casas de las fraternidades ocurre con más frecuencia este tipo de situaciones. Hace poco, en una de las escuelas más reconocidas, una mujer fue violada por una pandilla en una casa de fraternidad y la escuela hizo muy poco para disciplinar a los involucrados. Después de todo, sugirió el abogado defensor que: «Lo que sucedió fue simplemente una circunstancia en la que los jóvenes perdieron el control de la fiesta».

Durante mis días de catedrático en una universidad importante, me harté de escuchar acerca de todas las depravaciones realizadas en este tipo de fiestas. Oí de las borracheras de cerveza que se convertían en vomitaderas y en una ocasión escuché cuando unos alumnos recién admitidos, tambaleantes por causa del alcohol ingerido, me trataban de decir que se estaban divirtiendo.

¿QUIÉN LO NECESITA?

Pero ahora olvidémonos de las facetas más crueles de las universidades y veamos lo que ocurre en las fiestas navideñas de las oficinas y de otros negocios de «saco y corbata». Consideremos lo que ya se ha vuelto típico. En muchas de estas fiestas nos encontramos con que el abuso del alcohol viene a ser igual que en muchas de las universitarias. Por lo general, las personas no se miden en estas fiestas y pasan semanas tratando de restaurar las manifestaciones de comportamiento que llaman «celebración».

En una madrugada de Año Nuevo, contesté el teléfono y escuché la torpe voz de una persona anónima que murmuraba: «Feliz año nuevo». Cuando le pedí que se identificara, la mujer gritó angustiada: «Dios mío, ¿qué estoy haciendo? ¿Qué me pasa?», y colgó.

Muchas de estas fiestas del mundo me recuerdan al pequeño niño en *Disneyland* que lloraba ante los jalones y gritos de su mamá: «¡Tú querías venir, así que ahora te vas a divertir te guste o no!» O, más al grano, parecen repetir las palabras que el filósofo existencialista danés Soren Kierkegaard escribiera en su diario:

> Anoche fui a una fiesta. Todos admiraban mi personalidad y sobriedad. Estaban de acuerdo en que era el más agradable. Regresé a mi departamento, cerré la puerta y con una pistola en mis manos pensé en volarme los sesos.

No tenemos que ver el dolor resultante de las fiestas del mundo a través de los ojos de un filósofo existencialista para entender sus resultados negativos. Sólo echemos un vistazo a una fiesta que muchos consideran inofensiva: el baile escolar. He estado allí como muchos de ustedes. He visto chicas sentadas alrededor de las paredes del gimnasio que son lastimadas al ser ignoradas por no ser las más lindas. Sé lo que significa ser un joven nervioso y raro al que le encantaría sacar a bailar a una chica, pero que no lo hace por temor al rechazo. Y me he entristecido con los discriminados que ni siquiera se paran en esas fiestas porque ya saben lo que les espera.

Quizás tú también has estado ahí. Y, como muchas personas de edad madura, puedes decir: «Hay ocasiones en las que me gustaría volver a vivir otra vez. Pero con toda seguridad no desearía volver a ser adolescente y tener que pasar otra vez por ese tipo de cosas». No me sorprende que cuando hablo con los adolescentes acerca de estas «saludables» actividades escolares, me responden cínicamente: «¿Quién lo necesita?» En efecto, digo, ¿quién lo necesita?

LA GRAN FIESTA AMERICANA

Mi amigo, el autor Tom Sine, hace un buen uso de las imágenes festivas cuando habla del modo de vivir en los Estados Unidos. Se refiere al estilo de vida que ha llegado a ser normativo en este país como «La gran fiesta americana». Opina que esta fiesta es bastante costosa. Autos deportivos, ropa extravagante y joyería de moda vienen a ser objetos necesarios para aquellos que quieren participar en ella.

La gente, enfatiza, a menudo tiene que conseguir un par de trabajos para tener dinero suficiente y poder comprar todas estas cosas que para la sociedad son necesarias si queremos divertirnos. Esta gente dedica bastante tiempo en tratar de ganar dinero y por eso no les queda mucho para convivir con las personas más queridas y allegadas. Estas pobres víctimas del «poseer» no tienen tiempo ni energía para dar a sus hijos, sus amigos o cualquier otra persona. Estos invitados a la fiesta americana se pierden de lo que realmente puede hacer a la vida divertida y con verdadero significado.

Tom, quien por muchos años ha trabajado en un proyecto misionero en Haití, nos comenta una historia que contrasta la superficialidad de ciertas fiestas americanas con la riqueza de una que presenció en ese paupérrimo país del hemisferio occidental. En una de sus visitas a Haití, Tom viajó con un joven que había estudiado en los Estados Unidos. Iba de regreso a su pueblo en la península al sur de su país e invitó a Tom a acompañarlo. Cuando llegaron a la remota comunidad, literalmente todos en el pueblo corrieron a saludarlos. Se pusieron alrededor del joven, abrazándolo, lanzándolo al aire y dándole palmadas en su cabeza y espalda mientras le daban la bienvenida con gritos y vítores.

Mientras Tom observaba la celebración de los más pobres, sintió cómo ese pueblecito era mucho más rico que la mayoría de las que celebran las ricas sociedades urbanas en la nación más poderosa sobre la faz de la tierra. Esos vacíos e insípidos cocteles de bienvenida, brillantemente descritos por T.S. Eliot, jamás podrán tener el calor de las celebraciones del pueblo de Dios cuando se reúne para entregarse amor en Su nombre.

CUANDO BABILONIA CAE

Indudablemente, el contraste más dramático entre la fiesta que promueve el mundo y la celebrada por el Señor nos lo ofrece el libro de Apocalipsis. Desde el capítulo 17 hasta la mitad del 19, el apóstol Juan contrasta las formas de este mundo, simbolizadas por la gran prostituta de Babilonia, con las glorias del Reino de Dios, simbolizadas por la Nueva Jerusalén. En Apocalipsis 17.3-4 leemos acerca de los grandes atractivos de la gran ramera, quien está personificada en todo lo que es capaz de seducir en este mundo.

> ... mercadería de oro, de plata, de piedras preciosas, de perlas, de lino fino, de púrpura, de seda, de escarlata, de toda madera olorosa, de todo objeto de marfil, de todo objeto de madera preciosa, de cobre, de hierro y de mármol; y canela, especias aromáticas, incienso, mirra, olíbano, vino, aceite, flor de harina, trigo, bestias, ovejas, caballos y carros, y esclavos, almas de hombres.
>
> Los frutos codiciados por tu alma se apartaron de ti, y todas las cosas exquisitas y espléndidas te han faltado, y nunca más las hallarás.
>
> Los mercaderes de estas cosas, que se han enriquecido a costa de ella, se pararán lejos por el temor de su tormento, llorando y lamentando (Apocalipsis 18.12-15).

Cuando leí estos pasajes pensé en cómo, este país que amo, ha tomado los recursos naturales de los países más pobres y ha convertido los campos de las naciones del Tercer Mundo en productores de cosechas mercantiles como el azúcar, el tabaco y el café para satisfacer las adicciones de gente como yo. Pienso en toda la sangre que ha sido derramada por la opresión de dictadores apoyados por los Estados Unidos para que empresas multinacionales puedan proveernos con cosas que satisfagan nuestras necesidades creadas artificialmente. «La gran fiesta americana», como la llama Sine, se ha mantenido a costa de los pueblos más pobres del mundo.

Pero Dios no va a permitir que la explotación y la opresión continúen indefinidamente. Él la detendrá. Babilonia será destruida. Y cuando caiga habrá dos reacciones. Primero habrá lamento y llanto de los negociantes enriquecidos con el comercio que alimentó los apetitos de quienes se identificaron con Babilonia y con la fiesta de la gran ramera. Esos dictadores, cuyo poder y riqueza fue el resultado de su complicidad con la gran ramera y con el destructor y lujoso estilo de vida que iba de acuerdo a ella, serán abrumados con ansiedad y dolor porque su protección ya no existirá. Podemos leer acerca de estas reacciones en Apocalipsis 18.9-11:

> Y los reyes de la tierra que han fornicado con ella, y con ella han vivido en deleites, llorarán y harán lamentación sobre ella, cuando vean el humo de su incendio, parándose lejos por el temor de su tormento, diciendo: ¡Ay, ay, de la gran ciudad de Babilonia, la ciudad fuerte; porque en una hora vino tu juicio! Y los mercaderes de la tierra lloran y hacen lamentación sobre ella, porque ninguno compra más sus mercaderías.

Pero también hay una segunda reacción y es la de los ángeles a la caída de Babilonia (esto es, de «La gran fiesta americana»). En el capítulo 19 de Apocalipsis leemos:

> Después de esto oí una gran voz de gran multitud en el cielo, que decía: ¡Aleluya! Salvación y honra y gloria y poder son del Señor Dios nuestro; porque sus juicios son verdaderos y justos; pues ha juzgado a la gran ramera que ha corrompido a la tierra con su fornicación, y ha vengado la sangre de sus siervos de la mano de ella. Otra vez dijeron: ¡Aleluya! Y el humo de ella sube por las siglos de los siglos (vv. 1-3).

Hay una celebración en el cielo porque la fiesta que significaba destrucción para muchos ha llegado a su fin. Un nuevo festejo patrocinado por Dios se ha iniciado. De acuerdo con esta porción de la Escritura, los aliados del Cordero de Dios no harán otra cosa más que gritar: «¡Aleluya!», al presenciar estos increíbles sucesos.

¿CAERÁS TÚ CON BABILONIA?

Hay un par de preguntas que hacer con respecto a esta interpretación de los últimos pasajes de la Biblia. La primera es una que quizás te gustaría hacerme: «¿De dónde sacaste esta interpretación de la Escritura que hace que la gran ramera de Babilonia en el libro de Apocalipsis sea un símbolo del próspero estilo de vida al que Tom Sine le llama "La gran fiesta americana"?»

Mi respuesta consistiría en apuntar que muchos de los expertos bíblicos más confiables concuerdan en que la Babilonia del Apocalipsis se refiere siempre a la sociedad dominante en donde los cristianos tienen que vivir. Para los de la iglesia del primer siglo, esa sociedad dominante era Roma. De este modo, para aquellos primeros cristianos, Babilonia era la palabra clave para referirse al Imperio Romano, mientras que Jerusalén era la palabra clave para referirse al Reino de Dios, el cual está compuesto por la gente que se identifica con el Señor.

Siendo este el caso, los cristianos en cada época verán a la sociedad en la que viven, junto con todos sus encantos, como Babilonia. Para los cristianos británicos del siglo XIX, Babilonia sería Inglaterra. Para los cristianos japoneses de nuestro mundo contemporáneo, es Japón, y para todos los cristianos que viven en la Unión Soviética, Babilonia es la Unión Soviética. Pero la nuestra es la sociedad norteamericana. La gran fiesta a la que alude Tom Sine es nuestro país. Me encantan los Estados Unidos. Creo que es la mejor Babilonia sobre la faz de la tierra. Pero es Babilonia.

La segunda pregunta es una que te dirijo a ti, el lector. Es simplemente esta: Cuando nuestra Babilonia caiga (y caerá algún día, como todas las babilonias), ¿cómo vas a reaccionar? ¿Reaccionarás como los mercaderes descritos en Apocalipsis 18.3 que «cosecharon riquezas de sus lujos excesivos» y como esos políticos potentados que conspiraron con ella para explotar a los pobres y a los débiles? ¿O serás capaz de unirte a los ángeles ese día y cantar alabanzas a Dios?

Obviamente, la manera en la que respondas a esta segunda pregunta tiene que ver por completo con la forma en la que has invertido tu vida. ¿Has dedicado tu tiempo y energía a obtener aquellas cosas acordes con la vida en Babilonia de modo que, cuando caiga, todo por lo que has trabajado caiga junto con ella? ¿O has invertido tu vida de tal manera en el Reino de Dios que, aun cuando el cielo y la tierra pasen, lo que tiene importancia para ti perdure? Cuando todo termine, ¿serás capaz de gritar y cantar en esta fiesta eterna que será disfrutada por todos aquellos que pusieron sus tesoros en el cielo? (Mateo 6.19.21).

Capítulo 6

HACER DE LA
IGLESIA UNA FIESTA

Cuando nos damos cuenta de que para la Pascua de los judíos tomaban una décima parte de su ingreso anual y la llevaban a Jerusalén para una estupenda fiesta, podemos entender el porqué sus hijos podían decir: «Me alegré cuando me dijeron, vayamos a la casa del Señor». ¿Quién no querría ir a la casa del Señor si esto significaba ir a la más grande y mejor fiesta imaginable? Los judíos sabían cómo celebrar y la celebración era el corazón de su adoración a Dios.

El rey David, el más grande de todos sus reyes, estableció un patrón de adoración al danzar delante del Señor. Después de las bendiciones y victorias que Dios había dado a Israel, David guió a su gente en una danza que bien pudo haber sido una combinación de *charleston, break dancing* y el *baile del conejo*. Por supuesto que no sabemos los detalles de sus pasos y movimientos pero sí que bailó hasta quedarse casi sin ropa.

Algunas de las jóvenes doncellas en la celebración se emocionaron con las piruetas de David y esto ocasionó que su esposa Mical, se enojara. Y le hizo saber a David sin titubeos cómo se sentía; consideró su comportamiento vergonzoso y no era de las que se quedaban calladas. La Escritura dice:

> Cuando el arca de Jehová llegó a la ciudad de David, aconteció que Mical hija de Saúl miró desde una ventana, y vio al rey David que saltaba y danzaba delante de Jehová; y le menospreció en su corazón (2 Samuel 6.16).
>
> Volvió luego David para bendecir su casa; y saliendo Mical a recibir a David, dijo: ¡Cuán honrado ha quedado hoy el rey de Israel, descubriéndose hoy delante de las criadas de sus siervos, como se descubre sin decoro un cualquiera! (2 Samuel 6.20).

Respondiendo a la crítica con su propio despliegue de ira, David maldice a Mical por su puritana actitud aguafiestas.

> Entonces David respondió a Mical: Fue delante de Jehová, quien me eligió en preferencia a tu padre y a toda tu casa, para constituirme por príncipe sobre el pueblo de Jehová, sobre Israel. Por tanto, danzaré delante de Jehová. Y aun me haré más vil que esta vez, y seré bajo a tus ojos; pero seré honrado delante de las criadas de quienes has hablado.

> Y Mical hija de Saúl nunca tuvo hijos hasta
> el día de su muerte (2 Samuel 6.21-23).

El juicio de Dios cayó sobre esta aguafiestas.
Mical nunca tuvo hijos y, en cambio, fue del lina-
je de David y Betsabé (sí, Betsabé) de donde nació
el Mesías. Esto es suficiente para aquellos que des-
cartan la celebración como forma de adoración.

Cuando vamos al Nuevo Testamento, encontramos que el mismo espíritu de celebración con-
tinúa, solamente que aumentado. En el día de
Pentecostés, cuando el Espíritu Santo descendió
sobre el pueblo de Dios y lo convirtió en una
iglesia, había tal algarabía que los visitantes pensaron que los cristianos estaban borrachos. La
respuesta de Pedro ante la acusación fue clásica:

> Entonces Pedro, poniéndose en pie con los on-
> ce, alzó la voz y les habló diciendo: Varones
> judíos, y todos lo que habitáis en Jerusalén,
> esto os sea notorio, y oíd mis palabras. Porque
> éstos no están ebrios, como vosotros suponéis,
> puesto que es la hora tercera del día.

Pedro no negó que a lo mejor podían parecer
una horda de borrachos con todo su escándalo;
simplemente pidió a los críticos darse cuenta de
que sólo eran las nueve de la mañana y que la
gente no se embriaga hasta tal grado de locura
tan temprano.

No sé qué ha pasado desde entonces. Mis co-
legas en el campo de la sociología dicen que es

inevitable. Su argumento es que en un período cualquier movimiento social pierde su exuberancia y toma una forma más racional. De hecho, Max Webber, uno de los fundadores de la sociología, se refiere a este proceso como la «rutinización del carisma».

Pero se supone que la Iglesia no debe ser sólo un movimiento social. Debe ser un organismo viviente, un cuerpo de creyentes dotados con un dinamismo celestial; debe ser el cuerpo vivo de Cristo.

Algo se ha perdido. Algo ha muerto. Algo que ardía se ha enfriado. Algo que es esencial debe ser renovado.

HAGAN UN ESCÁNDALO GOZOSO A JEHOVÁ*

Cada año durante los últimos diez años he hablado en Pennsylvania en un gran «festival de Jesús» llamado *Creation*. Para aquellos que nunca han estado en un «festival de Jesús», la mejor manera como podría describirlos sería como una versión cristiana de Woodstock. Como 40.000 personas, en su mayoría jóvenes, acampan durante cuatro días y escuchan música rock con mensaje cristiano, oyen a predicadores del evangelio y, en general, la pasan muy bien. El sabor de la reunión es

---

* Nota del traductor: Este subtítulo está basado en las palabras iniciales del Salmo 100, al traducir literalmente la versión en inglés en que se basa el Dr. Campolo (King James). Por alguna razón desconocida para nosotros ni siquiera las más recientes traducciones al español de este Salmo comienzan de esta manera.

un poco el reflejo del neopentecostalismo pero no tan parecido. Unas cuantas personas empiezan a hablar en lenguas pero es mayormente el estilo de adoración el que te hace sentir en un movimiento carismático. Mucha gente levanta las manos mientras cantan himnos, hay cantidades de «Aleluyas» y muchos «Amén» durante las predicaciones.

Hace un par de años me invitaron a predicar en una iglesia luterana en Lancaster, Pennsylvania, sólo unos días después de que terminó el festival *Creation*. Lancaster está cerca del lugar en donde se lleva a cabo el festival y, evidentemente, se había corrido la voz entre la gente que había asistido al festival de que yo iba a predicar allí. Ese domingo en la noche llegaron muchos de ellos y llenaron el lugar. Creo que el pastor estaba sorprendido de que la publicidad que había puesto en los periódicos locales hubiera sido tan efectiva.

Envuelto en su túnica negra con decoraciones de terciopelo, tomó su lugar en la plataforma. Abrió la dorada Biblia de púlpito y dio un paso atrás con elegancia solemne y, sin sospechar lo que habría de suceder, invitó a los presentes a adorar diciendo: «¡Cantad alegres al Señor! ¡Entrad por sus puertas con acción de gracias y por sus atrios con alabanza!»

En ese momento, alguien de la galería gritó: «¡Amén! ¡Aleluuuuya!», y se levantó aplaudiendo. Ese estallido fue seguido por varios cientos de jóvenes que se levantaron dando gritos de alabanza y fuertes aplausos.

El pastor estaba visiblemente asombrado. No sé qué era lo que esperaba cuando le dijo a la gente en la iglesia que hiciera un escándalo gozoso ante el Señor (véase nota del traductor). Lo que si sé es que ¡lo último que él esperaba ese domingo en la noche era que alguien realmente lo hiciera!

No sé qué habrá sido lo que pensaron los miembros de la iglesia durante la siguiente hora. Pero una cosa es segura: No se aburrieron.

El hecho de que este servicio de la iglesia en particular fuera tan emocionante, lo hizo excepcional. Porque, generalmente, los servicios de las iglesias están exentos de emoción. Pregúntale a cualquier joven por qué no quiere reunirse en la iglesia el domingo y recibirás una respuesta típica: «La iglesia es aburrida». No es sólo que se quejen del coro o del sermón, es algo más de lo que protestan. Es la atmósfera del lugar. Es demasiado solemne. Es demasiado aburrida. No hay esa sensación de que algo espontáneo y alegre está por suceder. No hay energía en el aire. Ciertamente el ir a la iglesia no se compara con ir a una fiesta divertida y llena de gente. Eso es una pena.

En las misas católicas, dicen que el sacerdote es quien la celebra. La primera vez que oí eso pensé que era una forma muy rara de decirlo, me pareció que lo que hacía el hombre sombrío frente al altar no era ni parecido a una celebración.

Pero eso era exactamente lo que se suponía que hiciera. Celebrar es lo que toda la iglesia de Jesucristo debe hacer cuando su pueblo se reúne los domingos en la mañana a adorar. Todos debemos celebrar la resurrección de Jesús. Satanás pensó que le había ganado a Dios cuando Jesús fue clavado en la cruz, pero Dios lo venció y lo sorprendió con la resurrección.

En Rusia, en la tarde del domingo de Pascua, los sacerdotes ortodoxos solían reunirse a contar chistes. Se pasaban la tarde juntos disfrutando de los cuentos y anécdotas. El Domingo de Resurrección era un tiempo de gozo y risa. Era para celebrar y tener fiesta.

No quiero decir que todo servicio de adoración deba ser un espectáculo rimbombante. Estoy consciente de que es fácil darlo por hecho después de todo lo que he dicho hasta este punto. Pero si ese es el caso, por favor reconsidere.

Creo honestamente que existe otro tipo de personas con otros temperamentos y disposiciones a los cuales se les hace muy difícil asimilar mi tipo de fiesta. Necesitan fiestas que les satisfagan.

FIESTAS DIFERENTES PARA GENTES DIFERENTES

La Biblia da amplia evidencia de que Dios ha ordenado que existan tipos de fiesta distintos para personas diferentes. Se le da una consideración especial a las necesidades particulares de los grupos étnicos individuales. Y hay una fuerte directiva en la Escritura para que cada grupo étnico alabe a Dios en su propia forma.

La palabra «nación» en el Nuevo Testamento es la palabra griega *ethnos*, que en realidad significa «grupo étnico». No se refiere a las entidades políticas que hoy conocemos como naciones, sino, más bien, se refiere a razas particulares con sus singulares características culturales. De acuerdo a la Escritura, cada cultura debe explotar sus propios potenciales y dar una expresión a su propio genio. Esto significa que los polacos, en el día de la fiesta final, alabarán a Dios en una forma particularmente polaca. Bailarán danzas polacas ante el Señor. Cantarán himnos polacos de alabanza y celebración. Harán una fiesta polaca. Así también los bávaros, irlandeses, ucranianos, cantoneses, japoneses, sicilianos, celtas, árabes y persas. Todos estarán allí, reunidos alrededor del trono de Dios. Con ellos estarán numerosos pueblos y tribus cuyos nombres e identidades se han perdido a través de la historia. Los partos, medos, elamitas, frigios y panfilianos estarán allí.

Una vez al año la gente de Filadelfia se reúne en lo que ellos llaman el super domingo. Se juntan por decenas de miles. Se reúnen en el Parque Benjamín Franklin, un ancho jardín diseñado como los Campos Eliseos de París. Filadelfia es una ciudad multiétnica, y en el super domingo cada etnia levanta una tarima y un exhibidor en un lugar determinado y cada grupo realiza lo suyo.

Si vas a la sección de los italianos, verás a actores italianos cantando y bailando en el escenario. En los locales aledaños encontrarás comida italiana y pastas a la venta. Habrá artesanías italianas en exhibición y mucha gente vestida al viejo estilo italiano.

Lo mismo será representado en la sección sueca, así como en la turca, la alemana, la hispana y la afroamericana. Cada grupo étnico muestra sus cosas. Cada uno saca lo mejor de su orgullo étnico. Estoy convencido de que la gran fiesta que se aproxima será como el Super Domingo. Creo que cada grupo étnico en el tiempo y la historia estará allí y que cada uno disfrutará de los otros mientras festejan juntos y con el Señor. No creo que las identidades étnicas sean desplazadas en el cielo, sino que serán enaltecidas y glorificadas.

Mientras comentaba esta imagen del Reino de Dios con el público en Nueva Zelanda, un hombre joven de la tribu Maorí puso especial atención a mi mensaje. Cuando la conferencia terminó, vino hacia mí y me dijo con tristeza que tenía miedo de que en la gloriosa fiesta que se aproxima, no sabría qué danza bailar o qué cantos cantar. Me dijo que había bailado tanto la danza Pakeha (representativa de la cultura inglesa de Nueva Zelanda) que olvidó cómo bailar la Maorí o cantar las canciones maoríes. Este triste joven me dijo que se iba a asegurar de reaprender en el futuro las danzas, canciones e historias de su pasado de manera que estuviese listo para ofrecérselos a Dios cuando la trompeta suene, para anunciar que la última fiesta está por comenzar.

Hubo un período en el que los misioneros eran propagadores no sólo del evangelio, sino también de la cultura anglosajona. Autores tales como Michener se burlaron de este estilo de trabajo misionero que convierte a Dios en un inglés y a la alabanza cristiana en una actuación del Libro anglicano de oración común. Pero hace mucho tiempo que esos días pasaron. En nuestros días, la mayor parte de los misioneros, informados por los antropólogos, son sensibles a la mezcla cultural y hacen su mejor esfuerzo por «contextualizar» el Evangelio de manera que éste sea expresado en formas y palabras que son inherentes a las culturas indígenas.

Recientemente el *Wycliffe Bible Translators* [Instituto lingüístico Wycliffe], una de las más grandes y efectivas organizaciones misioneras en el mundo de hoy en día, ha sido criticada por oficiales del gobierno brasileño. *Wycliffe Bible Translators* ha sintetizado las lenguas de varias tribus del Amazonas de manera que se puedan escribir y han traducido la Biblia a esos idiomas tribales. Al hacerlo, han provisto a estas tribus el ímpetu por conservar sus signos de identidad tribal.

Al no sólo poner por escrito la Biblia que las tribus pueden leer, sino también al grabar su folklore e historia tribal, los misioneros han prestado apoyo a la preservación de la identidad tribal que algunos en el gobierno brasileño creían a punto de perderse y olvidarse. Había oficiales en Brasilia que querían que las culturas tribales del Amazonas fuesen absorbidas por una nueva y moderna cultura brasileña, y para ellos los misioneros de Wycliffe parecían ir en contra de tal propósito.

Elogio a esos misioneros. Creo que al ayudar a la revitalización de las culturas tribales preparan a las etnias para traer algo especial a la gran fiesta que llamamos el Reino de los Cielos. Lo que ellos hacían era enriquecer nuestra fiesta eterna.

Es mi opinión que a nivel colectivo hay un tipo de personalidad para cada grupo étnico en particular. Por lo tanto, creo que la redención no prescribe la eliminación de esas «personalidades sociales», sino su perfeccionamiento. A través de la gracia de Dios cada grupo étnico, y sus rasgos únicos, es enaltecido. De esta manera, al final, la gente Maorí no será menos Maorí, sino más que nunca. Estoy convencido que en ese gran día la cultura Maorí será limpiada de toda influencia corrupta que haya venido del pecado y de otras sociedades. En una forma pura será presentada como un regalo a todas las otras personas y al Dios que deseó darle existencia.

Esto, creo, también será verdad para la tribu Apache, los Seminoles, la tribu Naga de Burna, y los Todas de la India.

Las características de las culturas étnicas que son contrarias a la voluntad de Dios que los creó (como madera, heno o paja) serán quemadas de

manera que cada una pueda ser presentada pura
y sin mancha (como oro, plata y piedras precio-
sas) ante el Padre celestial (1 Corintios 3.12).

Si parte de lo que en realidad somos está envuelto en nuestra identidad étnica, entonces no podemos nunca ser completamente lo que se supone
que debemos ser hasta que recobremos nuestra verdadera identidad étnica en la gran fiesta de Dios.

La iglesia en el mundo de hoy debería reflejar
la gloriosa variedad de etnias que se describe en
la Escritura. La iglesia debe apoyar y animar a
cada grupo étnico a alabar a su manera. La iglesia, de esta forma, debería ser multicultural, para
permitir a cada grupo étnico demostrar ahora algo de lo que será expresado en plenitud en el día
de gloria que viene.

La alabanza aquí en el mundo debería ser un
ensayo general de lo que sucederá allá, cuando
estemos reunidos con Dios. Algunos estarán allí con
sus ropas y música africana, mientras otros le da-
rán un sabor asiático. Pero algunos llegarán con
algo como «El Mesías» de Handel o el «Gloria Pa-
tri». Aquellos cuyas fiestas son más reservadas en
comparación no necesitan convertirse en lo que
no son para calificar en esta próxima celebración.
Cada grupo está llamado a ser lo que Dios creó;
y ser lo contrario significará ser juzgado (y habrá
un juicio de naciones, es decir, grupos étnicos).
La Iglesia futura será gloriosamente caleidoscópica.
Y la Iglesia del presente debería evidenciar esto.

CÓMO GENERAR GOZO

Ciertamente la música ayuda a crear una atmósfera festiva para la iglesia. A este respecto, mucha de la nueva música que viene del movimiento carismático ha bendecido a la comunidad cristiana entera. La música contemporánea de alabanza que recoge pasajes de la Escritura pero que también vibra a ritmos modernos ha generado una nueva calidad de alabanza. Pero debemos siempre estar advertidos de que no es un estilo musical el que puede ser designado como «el santo». En realidad, todos los tipos de música pueden ser santos.

Lo que eleva el espíritu de algunas personas puede ser muy diferente a lo que eleva el de otras. Hay algunos para quienes el rock cristiano es básico, mientras que existen otros que sólo se encienden con la música clásica de Bach. De cualquier forma, si las iglesias van a generar gozo y celebración, debe existir disposición para experimentar con varias expresiones musicales e innovar en el uso de la música en todas las facetas de la vida de la iglesia.

Los letreros festivos han probado ser otros medios útiles para animar los santuarios de las iglesias. Los adolescentes de cierta iglesia que conozco tomaron como proyecto de su grupo juvenil hacer letreros con palabras simples como «celebra», «regocíjate» y «aleluya». Colgaron los letreros en cada espacio vacío que pudieron encontrar en la pared. El efecto fue inmediato. La adoración cobró vida. La gente lo hizo espontáneamente. Hasta la música y los sermones se volvieron más vibrantes. La creación de una atmósfera festiva hizo las mañanas del domingo más semejantes a una fiesta y trajo nueva vitalidad a la que había sido una congregación agonizante.

Mientras hay mucho que hacer dentro de la iglesia para estimular el gozo y la celebración, es en realidad lo que sucede fuera de ella, cuando el pueblo de Dios está esparcido por el mundo lo que le da su mejor espíritu festivo. Si la gente tiene experiencias animadoras en grupos pequeños gana victorias espirituales para la justicia en el mercado y tiene tiempos fructíferos en el testimonio evangelístico, entonces hay mucho que celebrar cuando se reúne los domingos. En un sentido real, no puede haber celebración si no hay nada que celebrar. Es sólo cuando la gente está enterada de las grandes cosas que Dios hace en sus vidas diarias que tiene el gozo de compartirlas al reunirse para alabar

RENOVACIÓN ESPIRITUAL A TRAVÉS DE LOS GRUPOS PEQUEÑOS

La presidenta de la Universidad Eastern, Roberta Hestenes, es uno de los líderes para promover pequeños grupos de renovación para la iglesia. Lo que descubrió es que cuando la iglesia inicia muchos grupos pequeños de compañerismo que se reúnen varias veces entre semana para estudiar, orar y divertirse, algo maravilloso sucede en la iglesia. Al separar a la congregación de la iglesia en pequeñas unidades que permitan una mejor expresión individual y espontaneidad, todo tipo de emoción y buen humor pueden generarse. Esto inevitablemente se traduce en una adoración en unidad.

Personalmente pertenezco a un pequeño grupo de compañerismo de varones que se reúne cada martes por la mañana para desayunar. Hablamos de la Biblia, de nuestras vidas personales, de lo que sucede en nuestras familias y nuestros trabajos y de cualquier cosa que parezca importante. En estas reuniones hay mucho desorden, tanto como seriedad a la hora de compartir los problemas y dolores de las personas. Pero son raras las veces en las que salgo desprovisto de nueva energía para la vida y de más emoción por Dios.

En Washington, D.C, está la famosa Iglesia del Salvador. Esta ha edificado su ministerio en base a lo que sucede en los pequeños grupos. Se ha convertido en un modelo del gran despertar espiritual que proviene del compañerismo experimentado en este tipo de reuniones. De esta iglesia ha salido un vital programa de acción social y evangelismo, y no hay duda respecto a que el dinamismo que empuja su programa es el resultado de la interacción de los grupos pequeños.

Algo más de lo que los sociólogos pueden captar surge cuando los miembros de la iglesia se reúnen en pequeños grupos para dar algo de sí mismos frente a frente. Se descubre un poder espiritual que se libera. Hay una confirmación de la presencia de Dios y el cumplimiento de la promesa de nuestro Señor de que si dos o tres se reúnen en su nombre, Él estará en medio de ellos (Mateo 18.20)

Lo que sucede en estos grupos es llevado a los servicios dominicales de la Iglesia del Salvador, y cuando uno participa de la adoración lo experimentas. Te sientes como en una fiesta.

EL MOTIVO CONGREGADOS-REGADOS

El mejor patrón para la vida de la iglesia ha sido descrito a menudo como «el motivo congregados-regados». Sugiere que la iglesia debería reunirse para alabar y celebrar después de participar con Dios en las victorias para Su reino en el mundo. Si los miembros de la congregación han guiado gente a Cristo o han ganado una causa justa, entonces cuando se reúnen pueden dar testimonio de estas cosas y al mismo tiempo guiar a sus amigos cristianos a «elevarse». Después de experimentar lo que Dios ha hecho a través de ellos mientras estaban esparcidos en el mundo, los cristianos encuentran fácil el celebrar cuando se reúnen para alabar.

Los cristianos de otros países han adquirido más práctica en este motivo congregados-regados. En Nueva Zelanda, cientos de cristianos se reúnen cada tres años en la ciudad de Wellington a escuchar informes sobre misiones, cantar alabanzas y estudiar las Escrituras. Hace algunos años, fui el orador en esta conferencia misionera para adultos jóvenes. Cada tarde se apartaba un tiempo para que los asistentes salieran a las calles de la ciudad e intentaran comunicar el evangelio a quienes les quisieran escuchar. El plan era que esos jóvenes cristianos trajesen a la reunión vespertina a las personas que hubiesen ganado para Cristo durante la jornada de testimonio.

En cada una de las reuniones a las que asistí, había muchos nuevos conversos a la mano para que la gente los saludara. Mientras cada uno de los nuevos creyentes era presentado, había aplausos alocados y silbidos. Cada nuevo cristiano era abrazado y tratado como una celebridad.

He estado en todo el mundo, pero nunca en una fiesta que iguale a esa en Wellington, Nueva Zelanda. Lo que acompañó a esa inolvidable conferencia fue el festejo en su máxima expresión.

En Australia encontré otro ejemplo para reforzar este punto acerca del motivo congregados-regados. Mientras estaba en una gira de conferencias, fui invitado a hablar en una iglesia de la sección de King Cross en la ciudad de Sidney. Estaba intrigado con lo que la iglesia hacía en ese lugar, ya que King Cross es famosa por ser la «zona roja» de la ciudad. Sus calles están atestadas de clubes nocturnos y restaurancillos de mala muerte, y no es difícil ver prostitutas a cualquier hora del día o de la noche.

Lo que aprendí acerca de la iglesia me inspiró y me retó. Sus miembros se reúnen a las ocho de la mañana para orar intensamente. Entonces, a las ocho y media se dispersan por el área de King Cross para llevar el evangelio a cualquier persona que encuentran. Ese domingo, como cualquier otro, había prostitutas y borrachos como resultado de las fiestas al estilo del mundo que habían marcado la noche del sábado. La gente indigente y triste que parecía casi aturdida por la degradación de la noche anterior, era amada y cuidada por los miembros de esta extraña iglesia. Hasta lo posible, los que eran recogidos de la calle eran invitados a desayunar o por lo menos a tomar un café. A las once y quince, cuando la congregación se reunía para la alabanza, aquellas personas de la calle eran incluidas.

Cuando acabé mi sermón allí, hice una invitación para recibir a Cristo como Señor y Salvador. Varias de las personas traídas de la calle vinieron por el pasillo. Su entrega a Cristo fue acogida por un fuerte aplauso y gritos de: «Gloria a Dios» y «Aleluya». Una vez más sentí el espíritu de una fiesta.

Un último ejemplo de cómo lo que los miembros hacen en el mundo puede determinar el espíritu de una congregación durante el domingo, es lo que sucedió en mi propia iglesia de mayoría negra cuando el Proyecto de Ley de Derechos Civiles fue aprobado en el Congreso. Mucha gente había trabajado ardua y largamente para apoyar el proyecto. Algunos habían luchado al lado de Martin Luther King. Otros habían participado en manifestaciones pacíficas con el Comité Estudiantil Coordinador de la No-violencia. Y la mayoría de nosotros éramos miembros de la NAACP.

Se realizó una celebración el domingo siguiente a la aprobación del proyecto. El servicio duró un par de horas, y aún después de eso no se podía contener la alegría. Cuando nuestro pastor declaró «victoria», todos se levantaron y cantaron la «Doxología» como nunca la había escuchado antes. La gente lloraba de alegría. ¡A fiestar!

Aunque quizás no es posible hacer las cosas como las hicieron estas iglesias, el principio resulta el mismo para todas. Si mientras están esparcidos por el mundo los miembros de la iglesia alcanzan a otros en amor y experimentan a Dios al hacer su trabajo por medio de ellos, no pueden sino reunirse para alabar con un espíritu de gozo. Las victorias en Cristo pueden convertir cualquier reunión en fiesta, pero esto es especialmente cierto para el servicio de adoración del domingo por la mañana.

Capítulo 7

HACER DE LA
FAMILIA UNA FIESTA

Si algún sector de la vida cristiana tiene que dar evidencia de un espíritu de fiesta, es la familia. La familia cristiana en este mundo secular es uno de los últimos baluartes guiados aún por los principios prescritos por la iglesia. La vida familiar es lo que está más claramente definido por la Escritura, al dar el apóstol Pablo y Moisés cuidadosas instrucciones acerca de cómo vivir las relaciones familiares delante de Dios. Si el cristianismo no provee celebración para la familia, pierde legitimidad para quienes pueden considerarla un compromiso de por vida.

A pesar de estas expectativas, son muy pocas las veces que las familias reflejen el tipo de gozo gratificante que va con la fiesta cristiana. No sólo son aquellos fuera de la iglesia los que tienen problemas en disfrutar de la vida en familia; muchos cristianos, sinceros, admitirán que sus familias también carecen del tipo de plenitud y diversión que esperan de ella.

EXPECTATIVAS NO SATISFECHAS

El creciente fracaso de la familia por proveer gratificación emocional a sus miembros viene en un tiempo en el que la presión por cumplir este rol se ha acentuado. Talcott Parsons, antiguo decano de la sociología norteamericana, explicó que la función primaria de la familia ha llegado a ser la provisión de satisfacción emocional a las personas. Otras instituciones la han despojado, una por una, de sus antiguas funciones. Educar a los niños, dar capacitación religiosa, supervisar la salud y proveer entrenamiento para la vocación personal, fueron alguna vez responsabilidades de la familia. Ahora estas cosas son provistas por instituciones fuera del hogar. La escuela y la iglesia hacen lo que antes era la obligación de los padres. La familia ya no es una entidad económicamente productiva como lo fue en las sociedades agrícolas de antaño.

La familia, dice Parsons, ha llegado a ser esencialmente un grupo cuyo propósito principal al estar juntos es proveer gratificación emocional mutua y gozo compartido. En otras palabras, la familia existe para ser un refugio en medio de un mundo despiadado. Mientras la vida se convierte en una competencia de tensión y dolor en nuestra avanzada sociedad tecnológica, la tregua y la restauración se encuentran, supuestamente, en la familia. En un mundo en que la gente anda con pies de plomo para desempeñar papeles que los obligan a agradar a personas con quienes quizás ni se lleven bien, la familia es supuestamente el escenario en el cual pueden relajarse y ser quienes son. Según Parsons, mientras el mundo nos desgarra, la familia es el vínculo que se supone nos volverá a unir. Él presupone que la familia sea un lugar para divertirse. De modo que, tanto para Parsons como para muchos sociólogos la pregunta sería: «Si la familia no es una fiesta, ¿por qué existe?»

Hay muchas explicaciones acerca del porqué las familias no viven con tan altas expectativas. Primero se encuentra el tamaño decreciente de la familia. Dado que la mayoría de la gente no es campesina como para necesitar muchos hijos que les ayuden a ganarse la vida, tendemos a tener menos y menos niños. Ya no necesitamos hijos que nos cuiden en nuestra edad adulta. El seguro social y los planes de pensión se han ocupado de eso. Así que no tenemos familias grandes para garantizar que habrá seres queridos que cuiden de nosotros en nuestra edad otoñal.

Añade la reducción del núcleo familiar, la tendencia al constante cambio de residencia. En este país la familia promedio se muda a una nueva casa cada cinco años. Estos cambios desarraigan a muchos niños, al desconectarlos de los familiares cercanos y eliminar la posibilidad de cultivar amistades duraderas. Todo esto significa que el núcleo inmediato familiar, que usualmente consiste de mamá, papá y dos hermanos, es el único grupo estable que la mayoría de la gente tiene mientras crece y se mueve de un lugar a otro.

Esta pequeña unidad familiar lleva una pesada carga emocional. Sus miembros deben proveerse unos a otros de todo el valor, apoyo e intimidad necesarios. Se supone que esta minúscula familia conyugal será capaz de ministrar a sus heridos, remendándolos después de que el malvado mundo exterior los ha hecho pedazos.

Esta tarea, dicen los críticos sociales como Christopher Lasch, es mucho más de lo que la familia es capaz de lograr. En muchas ocasiones estas cargas creadas pueden constituir un infierno para los miembros de la familia. Éstos vienen a la familia trayendo muchas necesidades y esperan liberarse de tantas, que se resienten cuando sólo son liberados de muy pocas o de ninguna. Muchos de los jovencitos, al ser entrevistados por científicos sociales, indican que se encuentran desilusionados de sus padres; y una proporción significativa de padres se sienten defraudados con el tipo de hijos que tienen.

Para empeorar las cosas, mucha gente tiende a hacer de su familia un vertedero de desperdicios. Las hostilidades que resultan de las relaciones opresivas en la escuela y el trabajo son muy a menudo llevadas al hogar. Semejante agresión guía a los miembros de la familia a decirse uno al otro aquellas cosas que, en realidad, quisieran tener el valor de decir a la gente que los hiere. Esta es la triste realidad, en vez del cielo en un mundo tan cruel, muchas familias se han convertido en campos de batalla y basureros sicológicos. Frente a estas situaciones, la necesidad de hacer de nuestros hogares una fiesta es una tarea casi heroica.

HAGA LO CORRECTO

Si la familia existe para ser una fiesta, sus miembros deberán comprometerse a hacer lo correcto. La Biblia establece obligaciones recíprocas que deberán ser cumplidas como prerrequisitos de un compañerismo gozoso:

> Someteos unos a otros en el temor de Dios. Las casadas estén sujetas a sus propios maridos, como al Señor. Hijos, obedeced en el Señor a vuestros padres, porque esto es justo. Honra a tu padre y a tu madre, que es el primer mandamiento con promesa. Y vosotros padres no provoquéis a ira a vuestros hijos, sino criadlos en disciplina y amonestación del Señor (Efesios 5.21-22; 6.1,2,4).

Esto puede parecer un poquito incongruente con el espíritu festivo. Festejar, en el mundo moderno, parece significar exactamente lo opuesto a cumplir con las obligaciones. Por lo general, denota dejarte llevar y hacer lo que quieras. Por supuesto, esto es exactamente el problema con las fiestas del mundo y por eso son con frecuencia un desastre.

El famoso sociólogo de la universidad de California Robert Bellah, en su exitoso libro *Habits of the Heart* [Hábitos del corazón] argumenta de modo convincente que los norteamericanos han perdido el sentido de compromiso en las relaciones personales. Víctimas de algunos sicólogos «populares», han hecho de la búsqueda de la satisfacción individual su meta principal. En su búsqueda de la «autorrealización» y «la liberación de sus potenciales humanos» a menudo hacen a un lado las obligaciones para los cónyuges, los padres y los hijos. Leen demasiados libros (como *Juan Salvador Gaviota*) que alimentan la creencia de que está bien encogerse de hombros ante las expectativas en nuestras relaciones con otros en favor de la búsqueda de nuestra felicidad personal.

¿Cuántos no hemos visto en programas de televisión, como «Geraldo» o «Donahue», que algunos invitados explican que les fue necesario romper con la restricción del matrimonio y la familia para llegar a «realizarse»? Cada vez más el gozo de la vida parece definirse como «haz lo que te plazca» aun cuando alguien, desafortunadamente, resulte lastimado en el proceso.

LAS FIESTAS FAMILIARES

Por encima y en contra de este modelo de libertinaje que va con el tipo de «vida realizada» del mundo, se sostiene un modelo bíblico que nos llama a ser responsables el uno con el otro, especialmente dentro de la familia. Es dentro de este contexto de obligaciones que se ubica el tipo de fiesta de Dios.

La primera obligación es poner la felicidad de la familia por sobre todas las demandas de otras personas e instituciones. Los negocios, los deportes y los amigos no cercanos deberían ser puestos en segundo término con respecto a la familia. La familia debería reunirse para comer y las comidas no deberían hacerse tan apresuradas que, después de terminar, todos corran a realizar otra actividad. La comida, como en los tiempos bíblicos, debería ser tratada como un momento sagrado. Debería ser un tiempo para dar y aprender de los demás. Debería ser un tiempo sin prisas para estar juntos. Se requiere de mucho esfuerzo para cumplir estos fines en nuestro mundo sin ton ni son, pero los resultados harán que el esfuerzo invertido valga la pena.

Cuando di un viaje como conferencista, conocí al famoso autor Leo Buscaglia, quien me habló de su vida familiar y de la naturaleza festiva de su hora de cenar. Venía de una familia muy grande y, de acuerdo con las costumbres italianas, comer juntos era muy especial. En todas las comidas, cada uno expresaba al resto de la familia lo que había aprendido durante el día. Entonces su padre dirigía un debate sobre toda esta información. Cada uno sentía que su contribución era importante; en el proceso, la autoestima mejoraba.

En mi familia, cada uno tenía la obligación de expresar algo «divertido» que le hubiera ocurrido durante el día. No es de extrañarse que todos los Campolo se convirtieran en incurables cuenta-cuentos. Cuando nuestra familia se reunía a la hora de comer, todos sabíamos que pasaríamos un buen rato. La hora de comer era un tiempo de fiesta en casa.

Nada debería interferir con estas reuniones familiares, ni siquiera la iglesia. Constantemente, las actividades de la iglesia arruinan las relaciones familiares. La iglesia que pone al padre fuera de casa una noche para una actividad, desliga a los niños de la familia otra noche, y luego establece programas especiales para las madres otra noche más, puede hacer un gran daño a la fibra familiar. La iglesia no debe evitar sino mejorar la fiesta familiar. Los miembros de la familia no se deben sentir culpables por hacer de las fiestas familiares una actividad primaria en sus vidas. (Y no olvides dejar el teléfono descolgado)

En segundo lugar, la familia debe reconocer su obligación de celebrar días especiales. Navidad y Acción de Gracias podrían planearse como actividades super especiales. Una vez me divertí a costa de mi madre y mis hermanas cuando planearon un tiempo para cantar villancicos en el que cada uno de nosotros se suponía debía entretener al resto de la familia. Yo actuaba a disgusto con las demandas que mamá nos hacía a cada uno para «ejecutar» ante la gran familia cada vez que estábamos juntos.

Pero esto fue antes de que entendiera lo que ella hacía por nosotros. Los cumpleaños eran celebraciones, lo mismo que las graduaciones, los bautismos y las bodas.

Cada vez que la familia Campolo se reunía se esperaba que cada niño ejecutara un número especial. Fuimos una familia pobre, pero mis padres siempre se preocuparon de que mis hermanas y yo tomáramos clases de música. Aunque sólo mi hermana, Rose, se convirtió en un excelente músico, todos llegamos a tener la suficiente calidad para montar una presentación cuando la familia se reunía en las celebraciones. Para nuestra familia, cada día de asueto era una excusa para hacer fiesta, y cada fiesta se convertía en un tiempo de espectáculo. Algunas veces mi esposa me recuerda que esto fue fácil para los Campolo. «Después de todo», dice, «todos son extrovertidos».

Pero tengo que preguntar si fuimos extrovertidos por herencia, o si somos así debido a la manera en que fuimos educados. No hay duda que los Campolo fuimos educados para ser una gente fiestera que se gozaba estando en el escenario y que entretenerse el uno al otro se convertía en nuestro más grande gozo. A pesar de las críticas respecto a las tendencias de «presunción» que fueron alimentadas en ese proceso, no cabe duda de que cada uno de nosotros creció sintiéndose importante. ¿Cómo podría haber sido de otra manera si, desde que nos acordamos, siempre recibíamos ovaciones de pie?

CONTAR HISTORIAS

Aun hay otra cosa que se puede hacer para transformar a la familia en una fiesta: se pueden convertir las experiencias familiares en «una historia». Robert Bellah afirma que la gente se convierte en una comunidad alegre con un sentido de pertenencia cuando comparte lo que llama una «narrativa común». En otras palabras, una familia es una fiesta cuando sus miembros están juntos y comparten una colección de historias, en especial divertidas, de las cosas que alguna vez hicieron juntos. Uno de los mejores momentos de diversión que la familia puede pasar es alrededor de la mesa después de una buena comida, relatando viejas historias o anécdotas del pasado.

Como niño, recuerdo aquellas divertidas noches de domingo cuando nos entreteníamos al recordar los episodios del pasado de nuestra familia. Ninguna otra fiesta podía ser tan buena. Ninguna otra celebración podía ser más exuberante. Ningún otro festival podía ser más gracioso. Es lo mismo en mi familia hoy en día, formada por mi esposa y dos hijos. Mi hijo y mi hija han crecido y ya no viven con nosotros. Pero todavía, cuando podemos tener una reunión familiar y terminar una buena cena con un par de horas de contar historias se convierte en la mejor fiesta.

A veces las historias son adornadas para mejorar su calidad y drama. A veces se relatan diálogos que nadie pudo haber oído. A veces, como me dice mi hijo, «recordamos en grande»; pero eso no importa, es tiempo de fiesta.

Es divertido recordar cosas como la vez en que mi esposa Peggy compró un estéreo para mi auto y lo instaló sin que yo lo supiera. Puso un cassette de John Philip Sousa listo para tocar, con el volumen al máximo, y dejó el auto estacionado para que lo recogiera al llegar al aeropuerto. Esa noche llegué a las dos de la mañana después de una conferencia sin tener la menor idea de lo que acontecería. Entré al auto, lo encendí y fui saludado por una interpretación a mil decibeles de «Barras y estrellas».

Luego está la ocasión en que mi hijo de 10 años de edad cautivó a una multitud de turistas en Chartres, Francia, por medio de una conferencia sobre la historia y arquitectura de la catedral de aquel lugar. Poco tiempo antes de nuestro viaje a Europa, había recibido una clase especial sobre arte en la escuela y pasó varias semanas estudiando la catedral. Cuando visitamos el lugar, Bart comenzó a decirnos lo que había aprendido señalando y explicando varios de los rasgos de esta obra maestra de la arquitectura. Su fuerte voz pronto atrajo a la multitud y, de repente, se había convertido en un guía de turistas no oficial.

Nos encanta recordar el día en que nuestra hija Lisa estaba en segundo grado y Peggy y yo olvidamos ir a una representación en donde ella tenía un papel principal. Habíamos tenido un problema automovilístico aquel día y olvidamos el gran debut de Lisa como actriz. La representación era sobre los dinosaurios y ella tenía el papel de un triceratops.

A las cuatro de la tarde, la pequeña figura de Lisa estaba en la puerta de la cocina, todavía vestida con su traje: «¡No fueron!», nos acusó tristemente. «¡Busqué y busqué y no los vi!» Repitió esto una y otra vez y no hubo forma de consolarla con explicaciones.

Lo que hizo de este triste evento algo divertido es que desde entonces tratamos de levantarle el ánimo comprándole todo tipo de cosas con triceratops. Le hemos comprado cajas para el almuerzo y plumas con figuras y triceratops inflables. Esto se ha convertido en una gran broma entre nosotros ahora que es una abogada. Todavía le compramos cosas de triceratops en su cumpleaños y Navidad.

La historia de su papel en aquella pequeña representación se ha convertido en parte de la narrativa de nuestra familia. Contar esta historia es parte de lo que hacemos al estar juntos. Contar este tipo de historias nos hace capaces de transformar una simple «reunión» en una fiesta.

¡Detente a pensar en esto! ¿Acaso las buenas fiestas no siempre involucran historias que entretienen? ¿No es un rato agradable el tiempo para recordar buenas historias del pasado?

Es muy importante para las familias conservar vivas aquellas historias de su pasado. Diciendo y volviendo a decir lo tierno y lo divertido que ha pasado, se crea un sentido de pertenencia y de historia común. Esto es lo que hace sentir a la gente importante para contribuir a la diversión familiar. Se puede decir que el contar historias es una parte tan importante de lo que significa ser una familia, que no existe una familia sin narrativa común. La familia que cuenta historias reunida permanece unida. Una fiesta con buenas historias es lo que significa ser una familia.

Capítulo 8

HACER DEL TRABAJO
UNA FIESTA

La Universidad Eastern, donde enseño, se localiza justo al oeste de Filadelfia y a menos de cincuenta millas de lo que se conoce como «el pueblo holandés de Pennsylvania». Es el hogar de una gran comunidad menonita. A menudo llevo a mis estudiantes de sociología a visitar a estos cristianos anabaptistas porque su interpretación del Sermón del Monte y del libro de Hechos les ha guiado a probar una variedad de experimentos únicos en la vida cristiana.

Una de las cosas más interesantes e inspiradoras que observamos en estos viajes es una actividad especial que los menonitas han desarrollado para las ancianas. Ellas hacen colchas. Cada mañana, un autobús va al condado de Lancaster y recoge a cerca de una docena de mujeres, la mayoría de las cuales son viudas, y las lleva a un almacén en el pueblo de Akron. Esas mujeres pasan juntas el día haciendo colchas. Se sientan sobre las cuatro esquinas de un cuadro y trabajan en sus colchas las que, una vez terminadas, se venden por cientos de dólares.

Mientras hacen sus trabajos, platican y bromean. Hacen de su tiempo de trabajo un momento de visita. Es un gozo el simplemente verlas divertirse juntas. Hacen del trabajo una fiesta. Esta es una forma casi ideal de trabajar.

En el pequeño pueblo de Rifton, al norte de la ciudad de New York, hay otra comunidad de anabaptistas que es el hogar de los hutteritas. Mi hijo y yo visitamos recientemente esta comunidad de más de trescientos cristianos que viven juntos en lo que ellos llaman *Bruderhoff*. Esta comunidad cristiana se sostiene por medio de una fábrica que produce el equipo requerido para hacer más fácil la vida de personas con incapacidades físicas. Producen sillas de ruedas especiales, andaderas, accesorios para baño y juguetes que tienen gran demanda en todo el mundo. Venden estas cosas a precios muy razonables. Es obvio que los precios podrían ser un cien por ciento más alto de lo que son pero, como uno de los líderes de *Bruderhoff* me explicó: «Podríamos sacar una gran ventaja en dinero de lo que producimos, pero fabricamos más que suficiente para cubrir nuestras necesidades. Al mantener los precios bajos hacemos el equipo más accesible a muchos, quienes de otra forma no podrían adquirirlos».

Cuando visitamos la fábrica, mi hijo y yo quedamos boquiabiertos. Vimos a hombres y mujeres, lo mismo que a niños y niñas trabajando juntos en lo que obviamente era un ambiente agradable. Los padres se divertían al mostrar a sus hijos e hijas cómo usar las herramientas y emplear la maquinaria. Había un orgullo evidente por su manufactura y un alegre reparto de tareas. Una vez más, vi gente que había convertido su lugar de trabajo en un ambiente de fiesta.

PRODUCIR LO QUE ES BUENO

E.F. Schumacher y otros economistas cristianos han escrito extensamente acerca de lo que se requiere para transformar el trabajo de una labor opresiva a una celebración gozosa. Un factor primario es asegurarse de que lo que se produce mediante el trabajo en realidad vale la pena. Muchos productos son innecesarios y hasta malignos. Por ejemplo, no me parece que sea mucha la gratificación espiritual que se obtiene al producir cigarrillos. Saber que el cáncer y la muerte pueden venir a aquellos que usan lo que se produce, debe eliminar el sentido de haber hecho bien las cosas después de un día de trabajo. Y a menudo me pregunto cuánto afecta la producción de bombas a aquellos que trabajan en las fábricas de armas, o cómo reaccionan los que elaboran tazas de plástico ultraligero al saber que lo que producen puede contribuir a un desastre ecológico capaz de causar sufrimiento a sus hijos y nietos. Lo que la gente produce debería ser bueno para sus compañeros humanos si es que han de celebrar su trabajo y ofrecerlo como agradecimiento a Dios.

> Y todo lo que hacéis, sea de palabra o de hecho, hacedlo todo en el nombre del Señor Jesús, dando gracias a Dios Padre por medio de Él (Colosenses 3.17).

Además, el trabajo debe utilizar los dones creativos de los obreros. Cuando un trabajo es monótono o involucra repetición que no da cabida al ingenio o a la habilidad creadora, la mayoría de los trabajadores sufre una lenta muerte sicológica en su labor diaria. Desafortunadamente, una buena proporción de la fuerza de trabajo hace este tipo de labores.

Cuando estudiaba en la universidad tuve un empleo de verano en una línea de ensamblado. Operaba una máquina. Todo lo que requería hacer era vigilar que la cosa perforara algunas piezas de metal. Si la máquina se atoraba, movía una palanca «liberadora» y extraía la pieza de metal que causaba el problema. La máquina rara vez se detenía más de un par de veces por día.

El aburrimiento en el trabajo era casi más de lo que yo podía soportar. La única forma en la que sobreviví a ese verano fue estar ausente aun cuando estaba presente. En otras palabras, transportándome mediante mi imaginación a lugares más alegres y a actividades más interesantes de las que podía realizar en un día de trabajo. Lo que me mantuvo cuerdo ese verano fue saber que el empleo sería sólo cuestión de semanas. No me imagino cómo hubiera manejado todo eso si hubiese pensado que sería mi trabajo por el resto de mi vida.

No quiero dar la impresión de que sólo es en una línea de montaje que la gente experimenta una privación de la satisfacción por medio del trabajo. De acuerdo a Paul Goodman, el autor de *Growing Up Absurd,* [Crecer en el absurdo] más del setenta por ciento de todos los trabajadores norteamericanos obtienen poco o nada de gratificación de sus empleos, y sólo diez por ciento de esas personas trabajan en líneas de montaje. En las palabras de alguien famoso «La mayoría de los hombres pasan su vida en callada desesperación».

Por último, si el trabajo va a ser una fiesta, debe ser realizado en un contexto de sociabilidad. En la Colonia Oneida, uno de los experimentos utópicos del siglo XIX, el trabajo estaba especialmente diseñado para ser realizado en el contexto de una fraternidad festiva. El siguiente es un reporte de los que vivieron en ella.

De niños nos gustaba visitar los diversos departamentos que acostumbraban tener: la lavandería, la cocina, la bodega de verduras, la pastelería, la lechería, el comedor, la casa de hielo, la sastrería, incluso tenían un baño turco en el sótano. El hecho era que esos pequeños grupos trabajaban uno al lado del otro, y podían platicar con los otros mientras trabajaban.

Es difícil de explicar, pero mi mamá acostumbraba decirme que sin importar cuán humilde fuese la labor, estaban tan ocupados platicando unos con otros que el tiempo pasaba volando. Era este tipo de cosas, año tras año, lo que levantaba ese espíritu afín; *The Family, Society, and the Individual* [La familia, la sociedad y el individuo], (Kephart, W.J. 6th., Harper & Row, 1988, p. 103)

Creo que cuando los sindicatos presionan a los patrones a hacer cosas mejores para los obreros, deberían colocar la oportunidad de interacción en el trabajo como la número uno de su lista de demandas. Me parece que el tener la posibilidad de convivir con otros obreros es más importante que un incremento de salario o la adición de «estímulos».

«EL CABALLERO DE LA FE»

Por desgracia mucha gente no tiene cómo elegir en cuanto a lo que produce, en dónde trabaja, o lo que en realidad hace en su empleo. Hay muchas personas que carecen de opciones viables cuando se trata de ganarse la vida, y se encuentran aprisionados en condiciones de trabajo inhumanas. Quisieran dejar de trabajar, pero la obligación de sostener a su familia los mantiene en su penoso trabajo.

Aquellos que sienten que están atrapados en tal situación no deberían levantar sus manos consternados o negarse la oportunidad de festejar. Hay un espíritu festivo que los individuos pueden llevar incluso a los ambientes de trabajo más difíciles. Hay una cualidad del alma que habilita a los cristianos a poseer un gozo que pueden compartir con sus compañeros de trabajo aun en las circunstancias más tristes.

En la fábrica donde tuve mi empleo de verano en la línea de montaje había alguien así. Hablaba con él antes y después de trabajar. Disfrutaba al dejar pasar el tiempo con él en el estacionamiento y siempre lo buscaba en el almuerzo y durante los descansos. Era divertido tenerlo cerca. Jesús era así. Era el alma de la fiesta y donde quiera que iba, llevaba «la fiesta» consigo. No hay duda de que atraía seguidores y de que hasta las personas más incompatibles entre sí se convirtieran en sus discípulos.

Soren Kierkegaard, el brillante filósofo existencialista danés, comprendió bien la noción de que la alegría y la celebración que vienen incluidos en una buena fiesta son usualmente características inherentes a la personalidad de los que asisten a ellas. El festejo, como Kierkegaard lo señala, puede ser una actitud para con la vida que uno lleva al lugar de trabajo y que transforma ese ambiente en algo que tiene sabor al Reino de Dios.

Para describir cómo es un cristiano ideal, nos presenta a una persona a quien llama «El caballero de la fe». Este hombre, dice Kierkegaard, tiene la apariencia de un «cobrador de impuestos». No hay nada especial en él. Mientras llega a casa proveniente del trabajo, piensa en la torta de cereza que su esposa ha horneado para él y en cuánto la disfrutará. Con profundo aprecio respira el aire. Experimenta todo lo que una persona ordinaria puede, pero lo hace de una forma extraordinaria. «El caballero de la fe» está resignado a lo que la vida pueda traer. Con una anticipación infantil, sonríe benévolamente al mundo y acepta sus maravillas. Vive con un sentido de gratitud y esto lo hace un hombre envidiable.

Esta disposición hacia el trabajo tiene una expresión contemporánea en el expresidente del Colegio Haverford, que, como sabrás, está considerado entre los cinco mejores de Norteamérica. Es una escuela que tiene un alto prestigio por su sobresaliente nivel académico.

El presidente de Haverford tenía todas las credenciales de un aristócrata sofisticado. Pero cada verano durante su ejercicio en la presidencia, John Coleman dejaba sus responsabilidades académicas para ir a una comunidad donde era virtualmente desconocido y trabajaba como empleado recolector de basura.

Este presidente de colegio afirma que trabajar como recolector de basura le dio la perspectiva necesaria de la vida y también le proveyó de una oportunidad de jugar a la academia desde la perspectiva de un obrero manual. Este erudito aprendió mucho de la vida al pasar sus vacaciones de incógnito como recolector de basura. Pero también traía algo al trabajo: Tenía una serie de historias que contar a sus compañeros. Tenía una actitud alegre que compartía con ellos. Les enseñó a cantar mientras laboraban y, lo más importante, les enseñó formas inteligentes de calmar a esa gente engreída que trata a los recolectores de basura como desechos.

Después de todo, conocía a esa gente presumida por experiencia personal. Al ayudar a los hombres con los que trabajó a ver la ridícula naturaleza de aquellos que los desdeñaban, les enseñó a reír de la gente que les había herido y entristecido. El director del colegio (convertido en recolector de basura) mostró a sus nuevos amigos cómo hacer de su jornada diaria una fiesta.

Todo esto quiere decir que cada persona debería aprender a florecer donde esté plantada.

No siempre puedes controlar el lugar donde serás ubicado en esta vida. Pero ciertamente puedes controlar lo que allí sucede. Tienes dentro el poder de transformar tu lugar de trabajo en una fiesta, siempre y cuando te hayas convertido en una persona festiva.

Lo que llegas a ser a nivel individual tiene mucho que ver con lo que sucede en el lugar en el que laboras a diario.

Es por eso que la próxima sección de este libro trata del cómo convertirse en una persona de espíritu festivo y explica por qué eso es la columna vertebral del cristiano.

Capítulo 9

CÓMO ENTRAR EN
EL ESPÍRITU FESTIVO

«La fiesta» no es sólo un simple suceso. Es una actitud. Es una disposición que debería ser llevada por los cristianos a dondequiera que van. Los cristianos deberían ser gente que promuevan celebraciones en cualquier lugar donde se encuentren. Los miembros de la iglesia del Nuevo Testamento fueron capaces de hacer esto. Aun cuando eran encarcelados, aquellos cristianos del primer siglo creaban una atmósfera de fiesta, ante el desconcierto de sus compañeros de prisión y de los guardias. Considera el encarcelamiento de Pablo y Silas:

> Después de haberles azotado mucho, los echaron en la cárcel, mandando al carcelero que los guardase con seguridad. El cual, recibido este mandato, los metió en el calabozo de más adentro y les aseguró los pies en el cepo. Pero a media noche, orando Pablo y Silas, cantaban himnos a Dios; y los presos los oían (Hechos 16.23-25).

Indudablemente, este festivo estilo de vida fue parte de lo que hizo al cristianismo primitivo tan contagioso. Tanto paganos como judíos debieron haber encontrado algo muy atractivo en una fe religiosa que permitía a la gente cantar y alabar a pesar de las circunstancias.

FESTEJEMOS HACIA LA VIDA ABUNDANTE

Sea lo que fuere que el cristianismo haya ganado o perdido desde la primera generación de creyentes, no nos podemos dar ahora el lujo de perder esa gozosa espontaneidad que la Escritura compara con lo voluble del primer amor en los adolescentes (véase Apocalipsis 2.4). Eso es lo que contribuye a proveer lo que Jesús llamó «la vida abundante».

Más al grano, déjenme asegurarles que convertirse en cristiano es transformarse en un tipo muy especial de «fiestero».

Como indiqué anteriormente, el tipo de fiesta que se lleva a cabo en la comunidad cristiana es muy diferente al de aquellos que andan en los caminos del mundo. Por eso el tipo de «fiestero» en el que se convierte el cristiano es muy distinto a aquel que ha sido criado en una sociedad libertina en la que la mayoría de nosotros tiene que vivir.

Sea lo que implique la conversión cristiana, dejemos que quede claro que llegar a «nacer de nuevo» es llegar a un estado de gozosa celebración. Un cristiano no es sólo una persona que acepta verdades bíblicas comprobadas acerca de quién fue Jesús y qué fue lo que logró con su muerte y resurrección; ser cristiano implica una decisión subjetiva de rendirse a Jesús y permitirle invadir nuestra personalidad. Convertirse en cristiano significa ser penetrado por la presencia de Jesús. Es permitir a esta persona, que está viva en el mundo y que está tan cerca como el aire que uno respira, sea inhalado y disfrutado por los demás.

Algo pasa cuando uno se da cuenta que Jesús no sólo es una realidad objetiva de la historia, sino también una ardiente presencia personal y viva, en la que se encuentra el «fundamento de nuestro ser». Esta comprensión, de acuerdo con el famoso fundador de la psicología de la religión, William James, puede venir repentina o gradualmente. Pero cuando este conocimiento de que Jesús mora en el interior es suficientemente claro, hay siempre un sentido éxtasis. No todos pueden describir esta experiencia con la elocuencia del filósofo existencialista y científico del siglo XVII, Blaise Pascal, pero los que han llegado a conocer esta presencia podrán identificarse con su descripción:

> Como desde las diez y media
> de la noche hasta cerca de media
> hora después de las doce
>   Fuego.
>
> Dios de Abraham, Dios de Isaac,
> Dios de Jacob, no el Dios de
> los filósofos y expertos.
> Certidumbre absoluta;

¡Más allá de la razón!
Gozo, paz.
Amnesia del mundo y
de todo excepto Dios.

El mundo no te ha conocido,
Pero yo te he conocido.
¡Gozo! ¡Gozo! ¡Gozo!
Lágrimas de gozo.

Cuando el apóstol Pablo habla de lo que le ocurre a quien se rinde a Jesús , habla de convertirse en una nueva persona (2 Corintios 5.17), de ser poseído por una explosiva dinámica interna (Romanos 1.16), y de volver a vivir:

> Pero si Cristo está en vosotros, el cuerpo a la verdad está muerto a causa del pecado, mas el espíritu vive a causa de la justicia. Y si el Espíritu de aquel que levantó de los muertos a Jesús mora en vosotros, el que levantó de los muertos a Cristo Jesús vivificará también vuestros cuerpos mortales por su Espíritu que mora en vosotros (Romanos 8.10-11).

«¡HAZLO OTRA VEZ!»

Existe disposición para celebrar mientras uno experimenta el proceso de dejar atrás al antiguo yo, el cual fue invadido por un espíritu demoníaco y penetra en el gozo del Jesús resucitado, al que los cristianos llaman el Espíritu Santo.

Con Dios se experimenta desvarío infantil y todos los que se han rendido a Él se vuelven como niñitos. Lord Chesterton una vez sostuvo que cuando se trata de este tipo de gozo, Dios puede ser el único Espíritu completamente infantil en el universo, mientras el resto de nosotros perdemos este éxtasis a causa del pecado.

Chesterton nos pide considerar cómo Dios pudo haber creado las margaritas. ¿Las creó todas al mismo tiempo, con un toque de su mano? ¿O las creó una por una, experimentando un deleite infantil con cada nueva flor?

Si has lanzado alguna vez a un niño al aire y luego lo sientas en tus rodillas es imposible que grite: «¡Otra vez!» Y si lo haces, quizás tengas la misma respuesta. Con toda seguridad, cada vez que lances al niño al aire su risa será más incontrolable. Puedes contar conque, veinte veces después y sin cansarse de la diversión, el niño estará abrumado por la histeria y seguirá gritando: «¡Hazlo otra vez!»

Así puede ser con Dios, sugiere Chesterton. En el principio Dios pudo crear una margarita y algo dentro de su espontáneo e infantil espíritu murmuró: «¡Hazlo otra vez!» Y la margarita número dos apareció. Y una vez más Dios dijo: «¡Hazlo otra vez!» Y hubo una tercera, y luego una cuarta, y luego una quinta margarita. Y así continuó. Hasta que después de cientos de miles de millones de margaritas, el gran Dios creador, quien hizo girar a las galaxias en el espacio y creó a todos los animales, aún crea margaritas y grita con una infantil alegría: «¡Hazlo otra vez!»

Ser «salvado» significa ser a su imagen y a su semejanza. Ser cristiano es trascender el sentido de lo triste y aburrido que parece tan evidente en nuestro mundo y ser capaz de saludar, aun cuando esto sea algo que abunde en nuestro tan enfermo mundo, con alegres declaraciones de: «¡Hazlo otra vez!»

Esta vigorizante alegría que viene de Dios como uno de los frutos del Espíritu Santo (Gálatas 5.22-23) nos hace convertirnos en personas que no podemos más que compartir nuestra sonrisa y diversión. Es a partir de esta efervescencia creada por Dios que me he dado cuenta de que debo jugar aun cuando esa actitud rompa con la aburrida solemnidad de algunas situaciones sociales.

Por ejemplo, un día iba en un elevador del Centro de Comercio Internacional de New York. Era uno de esos elevadores modernos que recorren cincuenta pisos sin detenerse. El ascensor se llenó de hombres de negocios de aspecto sombrío con sus portafolios en camino a sus «pesadas» reuniones.

Cuando entré, me recorrió un deseo de divertirme y, en lugar de voltearme y estar de cara a la puerta, como todos estamos acostumbrados a hacer, simplemente me quedé ahí de frente a la gente. Cuando se cerraron las puertas del elevador, sonreí tímidamente y anuncié: «¿Saben?, vamos a viajar juntos por un rato». Luego agregué: «¿Qué les parece si cantamos?»

¡La reacción fue maravillosa! ¡Lo hicieron! Hubieran visto ahí a una docena de hombres de negocios haciendo a un lado su seriedad prefabricada y acompañándome en un arreglo de «Tú eres mi rayito de sol». Cuando llegamos al piso cincuenta todos estábamos riendo. Ser cristiano en aquel elevador significó convertir a algunos hombres, entumecidos por las preocupaciones de este mundo, en unos «fiesteros».

EVANGELIZAR POR MEDIO DE LAS FIESTAS

Una fiesta puede ser, en ocasiones, abiertamente evangelística. Con eso quiero decir que hacer una fiesta puede también crear el contexto para ganar almas para Cristo. Algo así ocurrió hace dos años cuando estuve en Rome, Georgia, para predicar en una pequeña universidad bautista. Me hospedaron en el Holiday Inn de la ciudad, el cual tenía un agradable bar que presentaba buena música *country*. Después de mi primer mensaje, regresé al Holiday Inn con un joven que había venido conmigo para conocer mi ministerio y saber lo que es ser evangelista. Los dos pasamos frente al bar y fuimos atraídos por dos músicos que interpretaban «Estoy enviándote un gran ramo de rosas».

Le pregunté a mi compañero: «¿Qué tal si entramos y escuchamos por un rato?»

Al principio fue un poco renuente debido a que estábamos en el papel de evangelistas itinerantes. Pero cuando le dije que no había problema siempre y cuando no ordenáramos bebidas accedió.

Había quince o veinte personas en el bar y parecía que nadie prestaba atención a la pareja que rasgaba sus guitarras y cantaba a todo pulmón. Mi compañero y yo escogimos una mesa enfrente de ellos para poder disfrutar de la música y alegrarnos con aquella mujer y aquel hombre que hacían su mejor esfuerzo. Tocábamos en la mesa al ritmo de cada canción y mostrábamos nuestro aprecio aplaudiéndoles. Pronto tuvimos al resto de la gente atenta; después de algunas canciones todos aplaudían junto con nosotros a aquellos cantantes.

El agradecido músico nos preguntó si teníamos alguna canción favorita y yo quise saber si conocían algo de música evangélica. Me dijo que sí. Y antes de que alguien se diera cuenta de lo que pasaba, interpretaron «Esta pequeña luz en mí» y «Me iré volando». Al público le gustó esto y pronto todos cantábamos. Habíamos transformado aquel bar en un lugar para cantar himnos a la antigua. Todos la pasamos muy bien.

Cuando el espectáculo tuvo una pausa y la pareja de músicos tomó un receso, vinieron a nuestra mesa y se sentaron con nosotros. Conversamos por algunos minutos y le dijimos quiénes éramos y por qué estábamos en la ciudad. Esta agradable pareja nos habló de ellos y de cuánto les gustaba cantar y tocar música aun cuando era tan difícil ganar dinero con ello.

En el transcurso de nuestro poco tiempo juntos nos explicaron cómo habían asistido a la iglesia hacía mucho tiempo atrás.

Nos dijeron que creían en Dios, pero que se habían alejado de la religión. Terminé preguntándoles si les gustaría orar y reconsagrar sus vidas al Señor. Y allí, en el bar, oré con ellos para que pudieran crecer en su fe y depender de Cristo.

La siguiente mañana tenía programado hablar en la capilla del colegio. Desde el púlpito miré a la congregación reunida, y me sentí muy complacido al ver a mis dos amigos cantantes del bar sentados en la fila del frente. Al final del sermón hice una invitación para que aquellos que quisieran entregar su vida a Cristo vinieran al frente y se arrodillaran en el altar. Ellos fueron los primeros en hacerlo.

Estuve en contacto con esta pareja de melómanos cristianos por muchos años. Todavía tocan en bares. Pero dondequiera que tocan, incluyen algunas canciones cristianas y dan su testimonio de cómo conocieron a Jesús en un Holiday Inn de Rome, Georgia. No sé, pero creo que a Dios le encanta el trabajo que hacen.

¿No es maravilloso lo que puede ocurrir en una fiesta?

FIESTAS DE BIENVENIDA

Cada vez que alguien se convierte en cristiano, debemos hacer una fiesta. Ciertamente Jesús lo sintió de esta manera. Nuestro Señor nos contó la historia del hijo pródigo sólo para resaltar este punto. Después que el joven descarriado de esta historia regresa a casa, la Biblia dice:

Pero el padre dijo a sus siervos: Sacad el mejor vestido, y vestidle; y poned un anillo en su mano, y calzado en sus pies. Y traed el becerro gordo y matadlo, y comamos y hagamos fiesta; porque este mi hijo muerto era, y ha revivido; se había perdido, y es hallado. Y comenzaron a regocijarse (Lucas 15.22-24).

Parece que solamente a los individuos que entran al compañerismo de los creyentes debe dárseles la bienvenida con una celebración. La Biblia menciona muy claro que cuando una persona se arrepiente y se rinde a Dios, los ángeles en el cielo «gritan» y hacen una fiesta (Lucas 15.7). Por consiguiente, parece que debemos reflejar en la tierra las celebraciones que se llevan a cabo en el cielo cuando alguien «vuelve a casa con Dios».

Conversé con un amigo misionero que trabajó entre el pueblo musulmán de Pakistán. Me explicó que la primera vez que bautizó a un convertido del Islam al cristianismo el joven salió del agua y gritó: «¡Aleluya!» Entonces corrió hacia sus amigos que presenciaron su bautismo, se tomaron de las manos y danzaron alocadamente llenos de gozo. Los curiosos creyeron que aquellas payasadas eran parte del bautismo cristiano. Ahora lo que hizo ese primer convertido en el pueblo ese día es una práctica observada por cada nuevo creyente que es bautizado. Después de todo, la gente en aquel pequeño pueblo sólo sigue el ejemplo de los ángeles y festeja el regreso al hogar de uno de los hijos de Dios.

Capítulo 10

EL SUFRIMIENTO
EN LA FIESTA

Una mala interpretación, percibida con facilidad al hablar del Reino de Dios como una fiesta, es que los cristianos deberían sonreír y estar felices todo el tiempo. Algunos sugieren que aquellos que han sido «salvados» no tienen derecho a estar acongojados. Tales personas nos pueden hacer sentir culpables si mostramos cualquier signo de desánimo.

Que quede aquí asentado: Los cristianos lloran. Son seguidores de aquel que fue varón de dolores y experimentado en quebranto. Pasan a través del valle de sombra de muerte. Son seguidores de aquel que se estremeció y sudó sangre en un lugar llamado Getsemaní. Los cristianos saben que el versículo más corto de la Biblia simplemente dice: «Jesús lloró» (Juan 11.35).

Un joven que le había dado la espalda a la iglesia me dijo que no tenía tiempo para los cristianos porque, en lo que a él concernía, todos eran un montón de falsos. Supuse que quiso decir que, en su opinión, los cristianos no vivían vidas consistentes, que su conducta diaria no coincidía con las creencias que declaraban tener o con las convicciones acerca de la manera como deben vivir. En resumen, su andar no correspondía con su hablar.

Admitió que había algo de eso en su comentario, pero la base de su juicio era más profunda. Años antes tuvo una hermanita que había sido atacada por el cáncer. Pasó meses viendo cómo un cuerpecito se marchitaba al sufrir terribles dolores. En medio de esta prueba hacía la usual pregunta: «¿Por qué?» Y, como todos aquellos que alguna vez han hecho lo mismo, no obtenía respuesta.

El joven descubrió que podía vivir con el silencio de Dios. Con lo que no podía vivir era con las pretensiones de los cristianos ante esta tragedia. Todos en su iglesia, y especialmente los miembros de su familia inmediata, decían que no sufrían porque sabían que su hermanita se había ido para estar con Jesús. Lucían esas sonrisas plásticas que a veces tienen muchos cristianos en tales ocasiones, y se decían unos a otros que tenían gozo a pesar de lo ocurrido.

La noche siguiente al funeral, este joven fue al templo a meditar y a orar. Se sentó en el balcón de la oscura capilla del templo. Después de haber estado allí varias horas, su padre quien era el pastor de la iglesia, entró. Sin saber que su hijo lo observaba desde el balcón, lentamente caminó al altar y comenzó a llorar. El llanto se convirtió en gemidos y sollozos incontrolables. En silencio, el joven observó a su padre derramar su alma adolorida. De repente, su padre dejó de llorar, miró hacia una pintura de Jesús que estaba sobre el altar, sacudió su puño y gritó: «¡Maldito!»

Cuando el chico regresó a casa esa noche, halló a su padre otra vez con una sonrisa forzada y artificial que, como cristiano, no sentía agonía o decepción de Dios. Eso fue lo que el joven aprendió. No quería nada de una religión que llevaba a la gente a fingir que su corazón no está despedazado cuando es así en realidad. No quería tener nada que ver con una iglesia que le hiciera sentir culpable por tener un corazón acongojado.

LLORAR... PERO SIN DERRUMBARSE

A los cristianos se les permite llorar. Es más, la sensibilidad que desarrollan en su cercana relación con Cristo los hace muy propensos a las lágrimas. Lo diferente en ellos es que su pena no los lleva a la desesperación. No se retuercen las manos como los que no tienen esperanza. En medio de su pena pueden asegurarse unos a otros que vendrá un mejor día. Pueden alentarse unos a otros al saber que el aguijón de la tragedia un día será transformado en una gran fiesta victoriosa.

¿Dónde está, oh muerte, tu aguijón? ¿Dónde, oh sepulcro, tu victoria? ya que el aguijón de la muerte es el pecado, y el poder del pecado, la ley. Mas gracias sean dadas a Dios, que nos

da la victoria por medio de nuestro Señor Jesucristo (1 Corintios 15.55-57).

A los cristianos se nos debe recordar de vez
en cuando que la fiesta de Dios está por ocurrir.
Podemos saborearla un poco, pero no podemos
entrar a la plenitud de la fiesta hasta el día en
que nuestro Señor y Salvador regrese para abolir
la enfermedad, el pecado y la muerte, e instituir esa
fiesta que durará por siempre. Mientras tanto, hay
mucho por lo cual llorar y, a menudo, seremos
llevados al llanto; pero nuestra pena es cualitativa-
mente distinta a la de aquellos que están sin Cristo.

Pocas veces ha sido más clara esta realidad
para mí que cuando participé en un foro sobre la
muerte y los moribundos en el Colegio de Médi-
cos de Filadelfia. Uno de los oradores era el su-
pervisor de un hogar para ancianos judíos. Tanto
él como sus pacientes eran judíos ortodoxos. Como tales, ni ellos ni él tenían claras convicciones
teológicas sobre el más allá. Creían que esta vida es
todo lo que existe y que la muerte significa aniqui-
lamiento. Este hombre explicó lo difícil que es para
los que viven en su hogar enfrentar la muerte de
alguien. Aquellos que quedaban tenían pocas esperanzas de ver al difunto otra vez. La finalidad
de la muerte en las mentes de esos judíos ortodoxos siempre los dejaban en la desesperación.

Contrastaremos esto con la fe y los sentimientos de la gente de mi iglesia, la Iglesia Bautista
Monte Carmelo en Filadelfia del Oeste, la cual,

como dije antes, es predominantemente de negros. Asistí a mi primer funeral en Monte Carmelo cuando tenía veinte años. Clarence, un amigo del colegio, había muerto en un accidente del tren subterráneo y todos sus compañeros estábamos sobrecogidos por el dolor.

En los primeros quince minutos del servicio, el pastor expuso de forma brillante lo que la Biblia dice acerca de la promesa de la resurrección y el gozo de estar con Cristo. Después descendió de la plataforma y fue hacia el lado derecho del santuario, donde la familia de mi amigo fallecido estaba sentada. Allí dirigió palabras especiales de consuelo para ellos.

Luego hizo la cosa más rara. Fue hasta el ataúd abierto y habló como si nada al cadáver. Todavía lo puedo oír diciendo: «¡Clarence! ¡Clarence! Había muchas cosas que debimos decirte cuando estabas vivo y nunca nos acercamos para hacerlo. Y quiero decirlas ahora».

Lo que siguió fue una bella letanía de recuerdos de cosas que Clarence había hecho por muchos de nosotros y por la iglesia. La lista recordaba cuán amorosamente mi amigo había servido a otros sin pensar en una recompensa. Cuando finalizó, mi pastor miró el cuerpo de Clarence y dijo: «Bien, Clarence, así es. No tengo nada más que decirte excepto esto: Buenas noches, Clarence. ¡Buenas noches!» Y con eso cerró de golpe el ataúd mientras un silencio pasmoso vino sobre la congregación.

Entonces una bella sonrisa iluminó lentamente el rostro del pastor y gritó: «¡Y yo sé que Dios va a darle a Clarence un buen día!»

Con esto, el coro se puso en pie y comenzó a cantar: «¡En aquella grandiosa mañana nos levantaremos; nos levantaremos!» Todos en la congregación nos pusimos en pie y comenzamos a cantar con ellos. Hubo aplausos y llanto. Pero era un llanto de gozo. Adondequiera que miraba había sonrisas en medio de las lágrimas. La celebración había estallado frente a la muerte. Algo de la fiesta que ha de venir había irrumpido en esa iglesia. Saboreamos algo de la alegría que un día disfrutaremos, era temporalmente nuestra; vimos un poco de la fiesta preparada para los que mueren en Cristo, y la muerte había sido transformada en victoria.

Después de eso, recordábamos a Clarence de vez en cuando. Y lo extrañábamos. Podríamos llorar por Clarence. Pero nuestras lágrimas no serían como las de los que no tienen esperanza. Nosotros los cristianos podemos hacer frente a la tragedia y al dolor porque sabemos que en medio de todo lo que sucede, sea bueno o malo, doloroso o alegre, horrible o hermoso, Dios está obrando. Y de todo eso Él hará una fiesta para todos los que quieran asistir.

FUNDADO SOBRE UNA ROCA

Hace poco, una mujer me preguntó qué pasaje usaba cuando intentaba ayudar a la gente que atraviesa por dificultades y por momentos de dolor. Le dije que por lo general utilizo Mateo 7.24-27:

[Jesús dijo:] Cualquiera, pues, que me oye estas palabras, y las hace, le compararé a un hombre prudente, que edificó su casa sobre la roca. Descendió lluvia, y vinieron ríos, y soplaron vientos, y golpearon contra aquella casa; y no cayó, porque estaba fundada sobre la roca. Pero cualquiera que me oye estas palabras y no las hace, le compararé a un hombre insensato, que edificó su casa sobre la arena; y descendió lluvia, y vinieron ríos, y soplaron vientos, y dieron con ímpetu contra aquella casa; y cayó, y fue grande su ruina.

Lo que estos versículos dejan claro es que las tormentas de la vida golpean a todo tipo de personas. La lluvia cae sobre justos e injustos (Mateo 5.45). El mismo tipo de infortunios golpea a aquellos que andan con Jesús como los que no. La teología de la prosperidad que sugiere que las cosas malas no suceden a la gente buena es una mentira. Día a día, nos encontramos con cristianos que sufren.

Lo que es diferente con los cristianos es que están edificados sobre la roca, lo cual es la promesa de Dios. Encuentran en Cristo un fundamento firme que los capacita para sobrevivir a las tormentas. Cuando son golpeados por las circunstancias de la vida, no se derrumban. Como la casa construida sobre la roca, resisten.

Cuando expliqué todo esto a la mujer, respondió: «¿Eso es todo? ¿Es lo mejor que usted puede hacer? ¿Todo lo que tiene que ofrecer es que tengamos fuerza para resistir?»

«No tome lo que dije a la ligera», respondí. «La fuerza para resistir es más importante de lo que piensa. Pero eso no es todo», le dije. «La promesa de Dios es que un día Él va a reunirnos a todos en un lugar donde las lágrimas serán enjugadas y donde tendremos una fiesta de la cual Él mismo será el anfitrión».

Es ese futuro, que brilla en medio de nuestro presente, lo que nos habilita para vencer nuestras penas (Romanos 8.47). Los cristianos lloran, pero del otro lado de su tristeza saben que hay una fiesta.

CELEBRE EL FUTURO DEL MUNDO

Hay mucha gente que mira la historia humana y no encuentra nada que celebrar. Toman los periódicos y ven pocas cosas que puedan considerar como «buenas noticias». Leen acerca de las violentas revoluciones en América Latina, de una epidemia de SIDA que amenaza con matar a una de cada cuatro personas en los Estados Unidos, del aumento de la criminalidad, la desintegración familiar y el incremento del terrorismo internacional.

Al enfrentar estas realidades, la gente sacude su cabeza y grita que no hay nada que celebrar en nuestros días. Para ellos las cosas van de mal a peor.

Los profetas de la destrucción parecían estar limitados, en Norteamérica, a aquellos que predicaban el evangelio fundamentalista. Apoyados en sus Biblias comentadas por Scofield, estos predicadores de la Palabra predijeron un incremento de la tendencia hacia el pecado y la decadencia hasta el día en que el mundo sería tan malo que Jesús tendría que regresar para poner un alto a todo. Parecían sentir cierta satisfacción al escuchar las noticias de que las cosas en este mundo se venían abajo. De acuerdo a ellos, entre más rápido se fuera este mundo por el drenaje, más se apresuraría la venida del Señor.

Pero en nuestros días, no sólo los predicadores dispensacionalistas tienen espantosas profecías acerca del futuro de la raza humana. Los ambientalistas se han unido al coro de los profetas de la destrucción, y con razón. Si seguimos esparciendo clorofluorocarbonos en la atmósfera cada vez que usamos latas de *spray* para pintar o desodorantes, no pasará mucho tiempo antes de que desaparezca la capa de ozono que nos protege de los rayos solares que producen cáncer en la piel. A menos que paremos de arrojar basura y aguas negras en el océano, pronto destruiremos el plancton que nos provee el oxígeno que respiramos. Y si no detenemos la rápida destrucción de la selva del Amazonas, el mundo pronto experimentará cambios climatológicos que no sólo traerán sequía y desertificación en la América del

Sur (que ya puede ser el caso) sino que convertirán a todo el planeta en un desastre meteorológico.

Hay muchas evidencias que apoyan un pronóstico negativo de lo que Hal Lindsay llamaría: «La agonía del gran planeta tierra». A la luz de estas evidencias, muchos se preguntarán cómo es posible celebrar algo. Mi respuesta a los profetas del desastre es que tienen razón en parte.

Mientras que es verdad que suceden cosas terribles, es también cierto que ocurren muchas otras maravillosas. El problema con la mayoría de los observadores es que tienden a ver sólo a un lado o al otro. O ven el reino de la maldad dominando sobre la historia e ignoran el crecimiento y victoria del Reino de Dios, o se enamoran de cualquier evidencia de progreso y toman cualquier signo de paz como prueba de que Utopía está a la vuelta de la esquina.

A principios de este siglo, aquellos predicadores y teólogos que promovían lo que habría de llamarse el Evangelio Social, a menudo se dejaban llevar por su optimismo al asegurar que sólo estábamos a una década o dos del establecimiento del Reino de Dios. Estos liberales estaban seguros de que el mal podría ser derrotado por los cristianos «liberales» inspirados, quienes recrearían al mundo de acuerdo al plan original de Dios.

Por supuesto que tal optimismo acerca del futuro fue contagioso durante el primer par de décadas del siglo. Por entonces, todo parecía mejorar.

Pero ese optimismo desbocado sobre el futuro no estaba destinado a perdurar. Las limitaciones humanas se hicieron pronto muy obvias. El insumergible Titanic ¡se hundió! ¡La guerra que acabaría con todas las guerras no lo hizo! ¡El superhombre creado eugenésicamente resultó ser un monstruo! El sueño del inevitable progreso se derrumbó.

Los fundamentalistas nunca fueron engañados por todos esos recortes de prensa que proclamaban el nacimiento de un mundo perfecto. Conocían sus Biblias demasiado bien como para creer que una humanidad no regenerada fuese capaz de tales hazañas. Su escrituralmente fundada doctrina del pecado original los hizo escépticos a las promesas de un mundo mejor. Para ellos el mundo estaba perdido y lo mejor que la Iglesia podía hacer era salvar al mayor número de almas posibles antes de que todo se viniese abajo.

EL SENTIR DE QUE DIOS OBRA

Los evangelistas sociales y los fundamentalistas tenían cada quien parte de la verdad. Es más, el mal abunda en cualquier lugar al que miramos. Pero el Reino de Dios también está creciendo frente a nuestros ojos. Aquellos que tienen ojos tienen que verlo.

Lo que realmente sucede es que el reino de las tinieblas y el Reino de Dios crecen simultáneamente. El mal nunca ha sido más evidente, pero al mismo tiempo la Iglesia vive sus mejores días. El fuego del avivamiento está por doquier.

En África, al sur del Sahara, más del cincuenta por ciento de los habitantes están en un servicio de adoración todos los domingos. En Corea, el ritmo del crecimiento de la iglesia es tan rápido que no se puede imaginar; y en América Latina, la evangelización recoge una cosecha sin paralelo.

Se siente que Dios obra en los sectores políticos y sociales de este mundo. La rápida desintegración de la Cortina de Hierro es una respuesta a la oración. El movimiento para acabar el *apartheid* en Sudáfrica es una señal de la obra del Señor. Un plan emergente de paz del presidente de Costa Rica ofrece nuevas esperanzas a Centro América.

El hecho de que el reino de las tinieblas y el Reino de Dios crezcan al mismo tiempo es ampliamente aludido en la parábola del trigo y la cizaña, tal como fue relatada por Jesús:

> Les refirió otra parábola, diciendo: El reino de los cielos es semejante a un hombre que sembró buena semilla en su campo; pero mientras dormían los hombres, vino su enemigo y sembró cizaña entre el trigo, y se fue. Y cuando salió la hierba y dio fruto, entonces apareció también la cizaña.
>
> Vinieron entonces los siervos del padre de familia y le dijeron: Señor, ¿no sembraste buena semilla en tu campo? ¿De dónde, pues, tiene cizaña? Él les dijo: Un enemigo ha hecho esto. Y los siervos le dijeron: ¿Quieres, pues, que vayamos y la arranquemos?
>
> Él les dijo: No, no sea que al arrancar la cizaña, arranquéis también con ella el trigo.

Dejad crecer juntamente lo uno y lo otro hasta la siega; y al tiempo de la siega yo diré a los segadores: Recoged primero la cizaña, y atadla en manojos para quemarla; pero recoged el trigo en mi granero (Mateo 13.24-30).

A la luz de lo que la Biblia nos dice acerca del destino de la historia, es fácil ver por qué tenemos mucho que festejar aun ante los males sociales. Romanos 8 nos da razones para celebrar porque, a pesar de todo lo malo que pasa en el mundo, el apóstol Pablo nos habla del eventual triunfo de Dios.

Pues tengo por cierto que las aflicciones del tiempo presente no son comparables con la gloria venidera que en nosotros ha de manifestarse. Porque el anhelo ardiente de la creación es el aguardar la manifestación de los hijos de Dios. Porque la creación fue sujetada a vanidad, no por su propia voluntad, sino por causa del que la sujetó en esperanza; porque también la creación misma será liberada de la esclavitud de corrupción, a la libertad gloriosa de los hijos de Dios. Porque sabemos que toda la creación gime a una, y a una está con dolores de parto hasta ahora; y no sólo ella, sino que también nosotros mismos, que tenemos las primicias del Espíritu, nosotros también gemimos dentro de nosotros mismos, esperando la adopción, la redención de nuestro cuerpo. Porque en esperanza fuimos salvos; pero la esperanza que se ve, no es esperanza; porque lo que alguno ve, ¿a qué esperarlo? Pero si esperamos lo que no vemos, con paciencia lo aguardamos[...] Y sabemos que a los que aman a Dios, todas las cosas les ayudan a bien, esto es, a los que conforme a su propósito son llamados (vv. 18-25,28).

Dios obra a través de su pueblo. Los cristianos claman por justicia y están cambiando el mundo. Evangelizan y edifican la Iglesia. Pero esto no significa que traeremos el Reino de Dios sin el retorno de Cristo. Podemos ser instrumentos a través de los cuales Dios edifique su Reino, pero hasta que su Hijo regrese a vencer el reino maligno, que también crece, será tiempo de la última fiesta de Dios.

Entre tanto, debemos ir a aquellas personas en Etiopía que mueren de hambre y alimentarlos y decirles que vienen días mejores. Debemos ir como siervos a los oprimidos en la franja de Gaza y ministrarles y explicarles que el día de liberación viene pronto. Debemos acudir al solitario, al enfermo y al moribundo, y decirles, algunas veces con palabras y otras con nuestros hechos y nuestra presencia, que son amados. En cuanto nos sea posible, debemos festejar con ellos. Y mientras lo hacemos, apuntamos más allá de estas señales limitadas del Reino hacia la gran fiesta que está por llegar.

Luego el fin, cuando [Jesús] entregue el reino al Dios y Padre, cuando haya suprimido todo dominio, toda autoridad y potencia. Porque preciso es que Él reine hasta que haya puesto a todos sus enemigos debajo de sus pies (1 Corintios 15.24-25).

Capítulo 11

TODO ESTÁ BIEN
SI ACABA BIEN

Quizás el problema más serio al hablar del Reino de Dios como una fiesta es que toda la idea va en contra de la ética del trabajo arraigada en nuestra conciencia. Esa ética del trabajo tiene raíces religiosas, de acuerdo a lo que perciben sociólogos como Max Weber. Particularmente dentro de la tradición calvinista, la gente se ha esforzado por expresar su consagración a Dios a través de su entrega al trabajo. Las vocaciones de los cristianos han sido vistas como «llamados» divinamente ordenados, y el discipulado cristiano ha sido entendido como el vivir celosamente esos llamados.

> Y todo lo que hacéis, sea de palabra o de hecho, hacedlo todo en el nombre del Señor Jesús, dando gracias a Dios Padre por medio de Él (Colosenses 3.17).

El cristiano fiel, de acuerdo con los conceptos calvinistas, es aquel que es leal en el trabajo y que lo hace con diligencia no sólo cuando el jefe observa, sino también cuando está solo. El trabajador cristiano sabe que Dios siempre está observando y ve la labor como una ofrenda para Él.

> Siervos, obedeced a vuestros amos terrenales con temor y temblor, con sencillez de vuestro corazón, como a Cristo; no sirviendo al ojo, como los que quieren agradar a los hombres, sino como siervos de Cristo, de corazón haciendo la voluntad de Dios; sirviendo de buena voluntad, como al Señor y no a los hombres (Efesios 6.5-7).

DESARROLLE UNA TEOLOGÍA DEL JUEGO

En realidad, el trabajo es en gran manera una parte de lo que significa ser cristiano, por lo que a muchos de los que estamos vinculados con la fe se nos hace muy difícil el dejar de laborar. Si nos detenemos, usualmente nos sentimos culpables. La gente no sabe cómo jubilarse y, muy a menudo, esta conduce a la muerte síquica y hasta física. Así es como muchos no parecemos encontrar razón para vivir una vez que hemos perdido el empleo. Para muchos de nosotros, el trabajo es la única actividad en la que sentimos que glorificamos a Dios.

A la luz del alto significado espiritual que los cristianos dan al trabajo, es fácil ver por qué tienen problemas para comprender el Reino de Dios como una fiesta. Después de todo, para mucha gente, la única alternativa al trabajo ha sido una forma de juego caracterizada por el tipo de consumismo obsceno que ha seducido a tantos para tener estilos de vida destructivos.

Los anuncios de televisión dan seductoras sugerencias para que, si está aburrido, la persona solitaria pueda comprar las cosas «correctas» y entonces experimentar el tipo de fiesta que nutrirá su alma. Han visto «La gran fiesta americana» que está edificada sobre «necesidades» artificialmente creadas y que ha guiado a tantos a desperdiciar sus vidas en cosas que no satisfacen (Isaías 55.2). He visto a muchos seducidos por la creencia de que sólo al obtener dinero y al comprar todas las cosas que dice el anuncio que debiéramos tener, tendremos los amigos y los festejos que hacen la vida significativa.

Ellos mismos han probado el consumismo materialista promovido por el bombardeo de los medios de comunicación que nos ataca a cada hora, y se han interesado. Si el tipo de «diversiones» que se ven en la televisión son la única alternativa al trabajo, es fácil darse cuenta del porqué los cristianos de ética laboral condenan cualquier sugerencia de que el Reino de Dios es una fiesta.

Hace poco recibí una carta que reflejaba esa clase de reacción:

Dios está trabajando. Jesús está trabajando. Y el Espíritu Santo está en nosotros, ¡trabajando! Yo trabajo. Y cuando me siento realmente deprimida, más trabajo... Por favor, considere engabetar su mensaje de fiestas.

Las fiestas pervertidas de este mundo han desilusionado a la remitente en cuanto a todas las fiestas, y el único gozo que puede hallar está en el trabajo.

Para que realmente podamos incorporarnos a la fiesta que Dios ha preparado para nosotros, necesitamos desarrollar una teología del juego que acompañe a la del trabajo. Debemos entender que jugar es mucho más que suspirar entre cada espacio de labor productiva. Tenemos que enfrentarnos al hecho de que el juego es algo bueno por dentro y por fuera.

C.S. Lewis nos interna un poco en el juego en su libro *Surprised by Joy* [Sorprendido por la alegría]. Explica cómo es que el jugar puede elevarnos del tiempo y del espacio para ubicarnos en un éxtasis en que saboreemos algo de lo eterno. Peter Berger, en su libro *Rumors os Angels* [Rumores de ángeles], nos da una explicación más amplia de esta observación y va más allá al declarar que cuando se juega lo mejor posible, algo de la presencia de Dios irrumpe en nuestras vidas y se experimenta una fuerza redentora. Esto es lo que se cree que el festejo de Dios hace en nuestras vidas. En su plenitud se supone que nos da un anticipo de la gloria que habrá de venir. Debe haber un momento en el que algo de la celebración que ya se desarrolla en el cielo irrumpa en nuestras vidas.

Permíteme contarte una experiencia de mis días universitarios. Era miembro de un equipo no muy bueno de baloncesto que jamás obtuvo un triunfo en los cuatro años que estuve en esa escuela. Pero en mi último año hubo un partido que para mí fue mejor que todos los demás juegos juntos. Cito mi anuario:

> Lo mejor de todo fue el último juego en contra del Seminario Bautista Eastern. Cuando faltaban sólo cinco minutos todas las esperanzas parecían haberse esfumado ya que los Teólogos tenían trece puntos de ventaja. Pero dos minutos después, sólo eran cinco puntos. Entonces Daryl Warren hizo dos saltos cortos sucesivos. Un tiro desde dentro del área por parte de Campolo nos puso arriba por un puntito. A sólo unos segundos de concluir, los Teólogos le dieron la vuelta al marcador con una canasta. Teníamos el balón, Whitman tiró y falló. Los Teólogos tomaron el rebote y comenzaron el avance desde su cancha. Entonces Campolo les arrebató el balón y la victoria con un frenético tiro desde dentro del área. Lo que va bien acaba bien.

Cuando el balón entró en el aro, fue un tiempo de fiesta. Mis compañeros de equipo me levantaron en sus hombros. Mis amigos bajaron en bandada desde las gradas. En un abrir y cerrar de ojos fui transportado a una celebración extásica. Para mí, ese momento sobresalía en el tiempo; probé algo de la gloria que vendrá cuando sea llevado con Jesús y los santos en ese festín al que los teólogos aplican la aburrida etiqueta de el «*escatón*».

Puede haber gratificación espiritual en el trabajo, pero en esa juguetona celebración de victoria hubo más que una gratificación espiritual. Hubo revelación. Y si hay conciencia de una progresión lineal del tiempo en el cielo, estoy seguro de que en un billón de años ese momento eternizado de triunfo, que disfruté años atrás en un sucio gimnasio de universidad, aún estará conmigo. El tiempo de festejo es ahora parte de quien soy y de lo que soy. En ese momento estaba tan vivo como si estuviese en este lado del cielo, y hubo una fisura en el tiempo y en el espacio a través de la cual vislumbré algo de la fiesta que está por venir.

Todo esto es extraño para los que fuimos educados bajo la ética laboral del protestantismo y para quienes se resisten a ser influenciados por la cultura de los modelos de consumo promovidos en América desde la Segunda Guerra Mundial. Para nosotros, el trabajo es lo que la gente buena hace. Hasta nuestros conceptos del cielo han estado marcados con esta orientación de valores.

Recuerdo haber escuchado sermones sobre especulaciones acerca de qué tipo de trabajo nos asignaría Dios en la otra vida. En un sermón en particular recuerdo que mi pastor señaló que Dios tenía grandes universos para que nosotros los administráramos y gobernáramos en Su nombre. Para él, el cielo significaba un ascenso a una posición ejecutiva que, al comparar, haría que las vicepresidencias corporativas que no obtuvimos aquí en la tierra parecieran triviales. El cielo que predicaba era el paraíso de los adictos al trabajo. No cabía en su mente la idea de que el cielo sea principalmente celebración o festejo con Dios. Aunque esto es justamente lo que las Escrituras nos dicen acerca de la vida después de la vida. ¡Es una fiesta!

Y oí como la voz de una gran multitud, como el estruendo de muchas aguas, y como la voz de grandes truenos, que decía: ¡Aleluya, porque el Señor nuestro Dios Todopoderoso reina! Gocémonos y alegrémonos y démosle gloria; porque han llegado las bodas del Cordero, y su esposa se ha preparado. Y a ella se le ha concedido que se vista de lino fino, limpio y resplandeciente; porque el lino fino es las acciones justas de los santos.

Y el ángel me dijo: Escribe: Bienaventurados los que son llamados a la cena de las bodas del Cordero. Y me dijo: estas son palabras verdaderas de Dios (Apocalipsis 19.6-9).

Un apéndice especial

A través de este libro he hablado de una organización misionera en la que sirvo y a la que he dado mi vida. Es la Asociación Evangélica para la Promoción de la Educación.

En Filadelfia y en Camden, New Jersey, trabajamos con veintenas de chicos a los que un juez del tribunal de menores describe como «niños rechazados». Muchos de ellos han sufrido abuso físico y sexual, y todos viven en un ambiente de extrema pobreza, drogas y violencia. Alcanzamos a estos chicos con la historia de Jesús, con amor y con el compromiso de ayudarlos. Tenemos programas que incluyen tutelaje, atletismo, campamentos, estudios bíblicos, actividades culturales, consejería y evangelismo personal. Durante el verano, cuando el trabajo es más intenso, atendemos diariamente hasta dos mil jóvenes.

También tenemos una escuela cristiana especial para los chicos que viven en los albergues administrados por el gobierno de la ciudad. Por ahora tenemos desde kindergarten hasta quinto grado, pero pronto extenderemos nuestra escuela hasta la enseñanza media superior.

Fuera de nuestro país, en Haití, tenemos una red de escuelas que educan, alimentan y evangelizan a más de tres mil niños diariamente. Nuestros tres obreros, a tiempo completo en el campo, sirven bajo la dirección de pastores haitianos y coordinan todo este trabajo, además de supervisar tres clínicas.

Si quieres ayudar en lo que nosotros hacemos aquí, hay algunas cosas que debes considerar:

1. *Dar y orar.* Nuestra organización es relativamente pequeña así que cada dólar recibido es importante. Pequeños donativos pueden ayudar a traer la fiesta de Dios a algunas aldeas en Haití y a zonas urbanas abandonadas de los EE. UU. La oración es lo primero que nos ha sostenido a través de los años, así que asegúrate de orar. Si deseas orar por nuestras necesidades y problemas específicos, escríbenos para incluirte en nuestra lista de correspondencia. Mensualmente te enviaremos un boletín.

2. *Voluntario.* Siempre estamos buscando jóvenes y adultos (preferentemente solteros) que estén dispuestos a venir a trabajar con nosotros, en ultramar y en las zonas urbanas norteamericanas. En especial necesitamos a personas que puedan enseñar en nuestra Academia Cristiana Cornerstone.

Es fácil comunicarte con nosotros. Sólo escribe a:

E.A.P.E.
Box 238
St. Davis, PA, 19087, U.S.A.